夏季
里的科学

沙金泰 / 编著

吉林出版集团有限责任公司

图书在版编目(CIP)数据

夏季里的科学 / 沙金泰编著. —长春：吉林出版
集团有限责任公司,2015.12（2021.5重印）
（青少年科普丛书）
ISBN 978-7-5534-9402-9-01

Ⅰ.①夏　　Ⅱ.①沙　　Ⅲ.①科学知识－青少年读物
Ⅳ.①Z228.2

中国版本图书馆CIP数据核字(2015)第285180号

夏季里的科学
XIAJI LI DE KEXUE

作　　者／沙金泰

责任编辑／马　刚

开　　本／710mm×1000mm　1/16

印　　张／10

字　　数／150千字

版　　次／2015年12月第1版

印　　次／2021年5月第2次

出　　版／吉林出版集团股份有限公司（长春市净月区福祉大路5788号龙腾国际A座）

发　　行／吉林音像出版社有限责任公司

地　　址／长春市净月区福祉大路5788号龙腾国际A座13楼　　邮编：130117

印　　刷／三河市华晨印务有限公司

ISBN 978-7-5534-9302-9-01　　　定价：39.80元

C
ONTENTS
目录

夏季 XIA JI
里的气象知识
LI DE QI XIANG ZHI SHI

暖洋洋的春季过去了，热情的夏天向我们走来！气候统计上，以阳历6月、7月、8月为夏季。

观察与调查

🌿 观察昼夜长短的变化 🌿

夏天是一年中气温最高的季节，同时也是昼夜长短变化中，昼长夜短的季节，我们观察每日的日出、日落时间，就会体验昼夜长短的变化，会更进一步了解夏天。

准备：记录卡、笔、表

过程：

（1）选择夏季中的六个节气——立夏、小满、芒种、夏至、小暑、大暑，记录在日历或台历上，以提醒你到期按时观察。

（2）选择适合的观察地点，乡村的在你家院落就可以；城市的小朋友

选一个开阔的地方更好，如选不到开阔的地方，只好也站在家里，不过你看到的日出不是从地平线上升起，而是升起后，又从面前的建筑物上爬过的太阳。那也不要紧，你只要选一个固定的地点观察记录就可以，相差的几秒日出时间可忽略不计。

（3）记录。

（4）计算昼与夜的长短。

（5）画一个折线统计图。

大连市2011年观察日出日落时间记录

	立夏	小满	芒种	夏至	小暑	大暑
日出时间	4：51	4：36	4：28	4：28	4：35	4：46
日落时间	18：49	19：04	19：15	19：22	19：22	19：14
昼长	13小时58分	14小时28分	14小时47分	15小时6分	14小时53分	14小时28分
夜长	10小时2分	9小时32分	9小时13分	8小时54分	9小时7分	9小时32分

❧ 光照影响气温 ❧

北半球的夏季是一年中最炎热的季节，这个季节的主题就是气候炎热，但并不是各地都一样的热。影响气温的因素很多。我们地球的热量来自太阳，各地所处的地理位置就会决定该地区接受太阳光照的多少，由于各地的地理位置、地理形态都各不相同，因此会出现不同的气候特征。

立夏以后，北半球白昼就会延长，这样太阳的光照就会日渐多起

来。四季温度决定于太阳照射角度和照射时间，对于我们，即对于北半球中纬度地区的人们而言，"夏至"前后，中午时阳光几乎垂直地照射地面，而"冬至"前后，中午时阳光则十分倾斜地射向地面。而照射角度的大小决定了大地接收热量的多少，从而造成了气温的高低。此外，"夏至"前后，太阳从东北方升起，西北方落下，太阳在地平线之上的时间很长，这种昼长夜短的情况使地面处于长时间光照之中，更加剧地面气温的升高。

部分城市夏季气温比较

我国各地在夏季的气温都不完全一样，按气候学标准，日平均气温稳定升到22℃以上为夏季的开始。但"立夏"前后，我国只有福州到南岭一线以南地区是真正的"绿树浓阴夏日长，楼台倒影入池塘"的夏季，而东北和西北的部分地区，平均气温在18℃~20℃，正是"百般红紫斗芳菲"

的仲春和暮春季节。

2011年我国部分城市立夏气温比较

	北京	哈尔滨	沈阳	郑州	武汉	长沙	乌鲁木齐	西安	上海	广州	海口
最高气温	26℃	14℃	18℃	29℃	30℃	30℃	22℃	31℃	28℃	26℃	34℃
最低气温	13℃	8℃	10℃	17℃	17℃	18℃	13℃	18℃	17℃	20℃	24℃

夏季气候特点

夏季是一年当中气温最高的时期，但夏季的天气绝不是用一个热字可以概括得了的。这其中既有内陆地区的干燥酷热，又有沿海地区潮湿闷热。

夏季是一年中天气变化最剧烈、最复杂的时期，我国大部分地区的降雨主要集中在这段时间里。近三十年来北京年均降水量是570毫米，其中仅夏季的降水量就达423毫米，占全年降水量的74%。特别是7月下旬和8月上旬，常常是大雨和暴雨的集中期。另外，各种灾害性天气，例如冰雹、雷雨大风、洪涝、干旱、台风等也都多发生于此时。

造成夏季天气如此变化多端的一个重要原因就是水汽，充沛的水汽是各种天气变化的基本因素。说到水汽，就要向大家介绍一下副热带高压。副热带高压是指位于副热带地区的暖性高压系统。它对中、高纬度地区和低纬度地区之间的水汽、热量、能量的输送和平衡起着重要的作用，是夏季影响我国大陆天气的主要天气系统。副热带高压是平均位于南、北纬30度附近，近似沿纬度圈排列的高压系统，副热带高压位置有明显的季节变化，在北半球，夏季偏北，冬季偏南。气流从高压中心按顺时针方向向外旋转流出，在高压西部形成偏南气流，偏南气流源源

不断地把海洋上的暖湿空气输送到我国大陆，从而为降雨提供水汽。当暖湿气流一旦和北方下来的冷空气相遇就会形成大范围的降雨天气，由于这个高压的位置随季节变化，也使得我国夏半年的降雨带自南向北依次推进。入秋，副热带高压南撤，雨带也跟着南移。这就是我国南方雨季开始早、结束迟、持续时间长，而北方雨季开始晚、结束早、持续时间短的原因。

副热带高压边缘的偏南暖湿气流可以给我国带来大量水汽，但副热带高压的内部，因受下沉气流影响却往往是炎热干燥的晴好天气。一些移动反常的副热带高压是造成我国大范围灾害性天气的"罪魁祸首"。

我国南北各地不一样的夏季

说到夏天，人们首先想到的就是热，是的，夏季的确是一年当中气温最高的季节。但因各地所处纬度不同、地理环境不一样，因此，夏季的到来时间也是不一样的。大体上说南方比北方先进入夏季，也有的地方一年也不会进入夏季，比如，我国的青藏高原、内蒙古的东北部一些地区，那里的人们只能是进入天文意义上的立夏，而实际他们并不能感受气象学意义上，连续超过五天的22℃以上的平均气温；也有的地方一年也很少走出夏季，甚至连冬季也没有，春季或秋季也就是短短的一段，比如，处于热带或亚热带的地区，我国的台湾、海南就是这样的地区。

那么同处于北半球的各地的夏季气温为什么也不一样呢？这就是地理形态的区别，而使同处于北半球的各地气温也大有差异，如，由于海拔高度不一，气温也不一样；由于地势不一样，气温也会不一样。

地形对气温的影响，主要表现在随高度的增加气温递减，平均每上升1 000米气温下降6度。例如：喜马拉雅山、青藏高原与同处一个纬度的其他地区比，气温就低得多。这是因为海拔高的缘故。

因为地球是球形的，不同纬度的地方获得太阳辐射的热量不同，因此气温会随着纬度变化，其规律是从低纬向高纬递减。所以同是立夏之际，南方已是酷热的气候，而北方的大兴安岭还是十分凉爽，甚至到了夏至那里也不会赤日炎炎。

城市和乡村的气温比较

夏天，城里比乡村热多了，一般相差3~4℃。大城市就比邻近的乡村更热些，甚至相差5℃以上，所以会有些人到乡间的度假村避暑消夏。

这是因为乡间的植被覆盖率较城市高得多，绿色植物吸收太阳热量，用于植物自身的生长。而城市中的水泥高楼、沥青马路虽然吸收太阳热量快，但是还会把热量慢慢散出来，使城市的热量不断积累、增加，温度也就要随之高得多。

你想一想，城市比乡村热还有许多原因呢！你可以考察、体验一下，城里不同地区的气温也是不一样的。例如：公园和商业区；乡村的不同地方气温也有差异，如：湖边和田地等。

城市的热岛效应

即使是在同一纬度的地区，为什么城市的气温会比乡村高呢？

城市是人口高度集中、密集的地区，城市里水泥筑成的高楼大厦林立，沥青柏油马路纵横交错，车水马龙。正是由于城市的人口密度大、车辆多、热源多，因此，城市的热污染较乡村多。而乡村有广阔的原野，那里生长着茂盛的庄稼、草木等绿色植物。绿色植物吸收太阳热量，用于植物的生长，不会产生热污染，绿色植物还会散发出湿气，这些湿气也会降低植物周围的气温。另外，乡村的人口密度又比城市小得多，产生的热污染比城市也要少得多。这就出现了城乡气温的差异。气象学家把这种城市高于周边乡村气温的现象称为城市热岛效应。

为了减弱热岛效应，在城市建设中要注意环境保护、绿化城市、增加绿化覆盖率。研究表明：城市绿化覆盖率与热岛效应的强度成反比，绿化覆盖率越高，则热岛强度越低，当覆盖率大于30%后，热岛效应明显削弱；覆盖率大于50%，绿地对热岛的削减作用极其明显。规模大于3公顷且绿化覆盖率达到60%以上的集中绿地，基本上与绿植较多的郊区温度相当，即消除了热岛现象。

城市的水面也可吸收大量的热量，为此，保护城市的水面，要保护好城市的母亲河、湖泊、池塘，尽可能多的扩大水面也是十分必要的。

动手 DIY

青草可以降温的实验

青草在城乡、山野到处都是，几乎到处都可以见到它们的踪迹，它们有顽强的生命力，并且，在默默无闻地为生态环境做出自己的贡献。它们也像其他绿色植物一样，叶子的蒸腾作用可以为我们带来夏日的一丝清凉。

◎ 准备：

泥土1盆（脸盆）、杂草或苔藓植被（25平方厘米）、塑料杯2个、温度计2个

◎ 过程：

（1）透明塑料杯底打孔，插入温度计，温度计插入杯内2厘米处。把

盆内装上土，然后，移栽上半边青草和半边苔藓。

（2）把带有温度计的塑料杯，分别罩在盆中的杂草和苔藓的上面。将盆放在阳光下，5分钟后，看一下温度计上，两者的温度差异有多大。

◎ 柯博士告诉你

杂草有许多绿叶，而绿叶能蒸腾挥发水分，这些水分在空气中可以降低气温，所以，罩在青草上面的杯子里的气温低一些。

 相关链接

❀ 夏季的节气 ❀

夏季中包括立夏、小满、芒种、夏至、小暑、大暑六个节气。

立夏

立夏在5月1至7日之间，此时，太阳黄经为45°，雷雨开始增多，是农作物开始旺盛生长的一个重要节气。在天文学上，立夏表示即将告别春天，是夏日的开始。

立夏时节，万物繁茂。这时夏收作物进入生长后期，冬小麦扬花灌

浆，油菜接近成熟，夏收作物年景基本定局，故农谚有"立夏看夏"之说。水稻栽插以及其他春播作物的管理也进入了大忙季节。

《礼记·月令》篇，解释立夏曰："蝼蝈鸣，蚯蚓出，王瓜生，苦菜秀。"说明在这时节，青蛙开始聒噪着夏日的来临，蚯蚓也忙着帮农民们翻松泥土，乡间田埂的野菜也都彼此争相出土日日攀长。清晨当人们迎着初夏的霞光，漫步于乡村田野、海边沙滩时，你会从这温和的阳光中感受到大自然的深情。

小满

每年5月21日或22日，太阳到达黄经60°时为小满。小满是夏季的第二个节气，其含义是夏熟作物的籽粒开始灌浆饱满，但还未成熟，只是小满，还未大满。《月令七十二候集解》："四月中，小满者，物至于此小得盈满。"

在华北或东北地区，又有"小满雀来全"的说法，意思指在小满节气之时，去年秋季飞往南方的候鸟又全数飞回来了。从气候特征来看，在小满节气到下一个芒

种节气期间，全国各地都是渐次进入了夏季，南北温差进一步缩小，降水进一步增多。

芒种

每年的 6 月 6 日前后，太阳到达黄经 75° 时为芒种。芒种的"芒"与"忙"同音，表明了芒种节气是小麦等有芒夏熟作物成熟季节，也是夏种的繁忙时节。"芒种"到米预示着农民开始了忙碌的田间生活。《月令七十二侯集解》："五月节，谓有芒之种谷可稼种矣。"

芒种后，我国华南东南季风雨带稳定，是一年中降水量最多的时候，进入连绵阴雨的梅雨季节。此时天气异常湿热，各种衣物器具极易发霉，故称"霉雨"，简称"霉"；又值江南梅子黄熟，亦称"梅雨"或"黄梅雨"。

夏至

每年的 6 月 22 日前后为夏至。夏至是最早被确定的一个节气。公元前 7 世纪，古人用土圭量日影，夏至这一天日影最短，因此把这一天称为"夏至"。

夏至这天，太阳几乎直射北回归线，是北半球全年中白昼最长的一天；但这并不是一年中天气最热的时候。大约再过二三十天，到了中伏才是最热的天气了。所以人们说"热在中伏，冷在三九"。

夏至后北方气温高，光照足，雨水增多，农作物生长旺盛，杂草、害虫迅速滋长蔓延，需加强田间管理；华南西部雨水量显著增加，使入春以来华南雨量东多西少的分布形势，逐渐转变为西多东少。如有夏旱，一般这时可望解除。华南西部6月下旬出现大范围洪涝的次数虽不多，但程度却比较严重。因此，要特别注意作好防洪准备。

夏至以后地面受热强烈，空气对流旺盛，午后至傍晚常易形成雷阵雨。这种热雷雨骤来疾去，降雨范围小，人们称其为"夏雨隔田坎"或为"伏天隔道不下雨"。

小暑

小暑在每年的7月6日至7月8日之间，此时太阳位于黄经105°。小暑时天气开始炎热，但还不到最热的时候，所以叫"小暑"；这是农作物苗壮成长的阶段，需要加强田间管理。南方地区小暑时平均气温为26℃左右，已是盛夏，颇感炎热。

小暑前后，华南西部进入暴雨最多季节，7、8两月的暴雨可占全年的75%以上。在地势起伏较大的地方，常有山洪暴发，甚至引起泥石流。但在华南东部，小暑以后因常受副热带高压控制，多连晴高温天气，开始进入伏旱期。我国南方大部分地区这一东旱西涝的气候特点，与农业丰歉关系很大，必须及早分别采取抗旱、防洪措施，尽量减轻危害。

小暑前后，我国南方大部分地区进入雷暴最多的季节。雷暴是一种剧烈的天气现象，常与大风、暴雨相伴出现，有时还有冰雹，容易造成灾害，亦须注意。

大暑

大暑在每年7月22至24日之间，太阳位于黄经120°。暑是炎热的意思。大暑正值"中伏"前后，是一年中最热的时期。这时气温最高，喜热作物生长最快，大部分地区的旱、涝、风灾也最为频繁，抢收抢种、抗旱排涝防台和田间管理等任务也最重。

大暑正值中伏前后，在我国很多地区，甚至会出现40℃的高温天气；俗话说"小暑不算热，大暑三伏天"，高温和潮湿是大暑时节的主要气候特点，大暑期间饮食要特别注意，这时可多吃消暑清热、化湿健脾的食品。

二十四节气的由来

由于节气反映了地球围绕太阳运动的过程，是每年季节变更的重要标志，因此对农业生产非常重要。我国农民为了更方便地根据节气来安排农

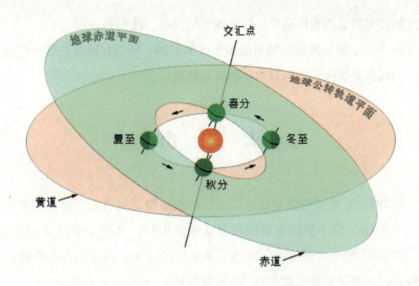

事，长期以来形成了一些相关的民谚。如二十四节气歌：春雨惊春清谷天，夏满芒夏暑相连，秋处露秋寒霜降，冬雪雪冬小大寒。

而这二十四节气是怎么来的呢？

远在春秋时代，我国就制定出仲春、仲夏、仲秋和仲冬等四个节气，之后也不断地改进与完善，到秦汉年间，二十四节气已完全确立。公元前104年，由邓平等制定的《太初历》，正式把二十四节气收入历法中，明确了二十四节气的天文位置。

有人认为二十四节气从属农历，其实，它是根据阳历划定的。二十四节气每一个分别对应于太阳在黄道上每运动15°所到达的一定位置。二十四节气又分为12个节气和12个中气，一一相间。二十四节气反映了太阳的周年视运动，所以在阳历中它们的日期是相对固定的，上半年的节气在6日，中气在21日，下半年的节气在8日，中气在23日，二者前后不差1–2日。

我国幅员辽阔，地形多变，全国各地的气候差异很大。但有史以来，我国主要的政治、经济、文化、农业活动中心多集中在黄河流域的中原地区，二十四节气也就是以这一带的气候、物候为依据建立起来的，而对其他气候相差明显的地区而言，二十四节气只是一种参考。

由于二十四节气是根据中国的气候制定的，所以在国外的影响范围只限于同属东亚季风气候的日本、朝鲜及韩国。

火 焰 山

《西游记》里"孙悟空过火焰山"的故事很是吸引人，而自然界中真实的火焰山，位于我国新疆吐鲁番盆地的中部。火焰山东西长100多千米，宽10千米，远远望去，有如一条火红的巨龙。在我国古书中称它为"赤石山"，维吾尔族人称它为"克孜勒格塔"，意思是"火红山"。

吐鲁番是我国气温最高的地方，历史上就有"火洲"之称。吐鲁番日最高气温高于摄氏35度的炎热日年均100天以上，高于摄氏40度的酷热日年均35—40天。据观测，这里的最高气温达到过摄氏49.6度，地表温度也曾达到摄氏89.2度，当地民间有"沙窝里蒸熟鸡蛋、石头上烤熟面饼"的说法。

不谙内情的人会有疑问：这么酷热的天气，当地人怎么生活？原来，这里气温虽然高，但相对湿度却很低，高温低湿，虽热而不闷。另外昼夜温差很大，温差甚至可达20度。正午朗日高照，炎热

如夏，早晚则清凉宜人，十分舒适。

火焰山拥有的独特的自然面貌，加上《西游记》中把火焰山与唐僧、孙悟空、铁扇公主、牛魔王联系在一起，使火焰山披上一层神奇色彩，成了一座天下奇山，成了人们向往的游览胜地。吐鲁番的春天也较乌鲁木齐等新疆其他城市要早40多天，当这些地方还是冰雪料峭时，吐鲁番盆地已经绿染枝头，吐鲁番适宜旅游的季节每年也较新疆平均时间长四个月左右。

桑 拿 天

夏季的空气中水汽丰富，空气湿度大，在气温达到一定温度时，人们就感觉像在蒸笼中一样闷热，这类天气称之为闷热型高温。由于出现这种天气时人感觉像在桑拿浴室里一样的闷热，所以人们又称这种闷热天为"桑拿天"。

桑拿天在我国沿海及长江中下游，以及华南等地经常出现，有时华北、东北也有短暂的桑拿天气过程。

闷热、潮湿的"桑拿天"像一个大蒸房，熏蒸着城市里的每一个人，使人浑身汗水、甚至热得喘不过气来。天气连续高温湿热，人体汗液排泄受阻、不畅，热量会逐步积聚体内，使人感觉头晕、精神不振、易疲劳、

甚至中暑。

想要预防中暑，要勤喝水，不要等口渴了才喝，要多喝、勤喝。饮食要清淡，少油腻，多吃新鲜水果、蔬菜。太阳光照强烈的时候尽量减少出门，如果出门要注意防晒；穿戴要注重宽松和凉爽。

高温高湿的天气，特别要注意饮食卫生，预防腹泻和肠炎疾病的侵袭。

紫外线指数

紫外线指数指的是在某一天某个地点受到太阳紫外线（UV）辐射强度的国际计量标准。这种级数主要用于日常预报中且针对对象是一般大众。它的目的是保护人们免受紫外线的伤害。皮肤过量暴露在紫外线中会导致晒伤，眼睛伤害例如白内障，肌肤老化增加皱纹甚至患皮肤癌。公共卫生组织建议人们在紫外线指数大于或等于3级时要采取措施保护自己。例如，可以在皮肤上涂抹防晒霜和戴帽子。

曝晒级数	紫外线指数			防护措施
一	0、1、2	最弱	太阳下活动2~3小时，皮肤不会受到伤害。	不需要防护
二	3、4	弱	太阳下活动1~2小时，皮肤不会受到伤害。	防晒霜
三	5、6	中等	太阳下活动1小时以上，会使皮肤发红。	遮阳帽、太阳伞、太阳镜
四	7、8、9	强	太阳下活动半小时以上就会使皮肤受到伤害。	上午10时至下午4时尽量避免外出
五	10级以上	最强	太阳下活动20分钟，皮肤会受到伤害。	尽可能不作室外活动

　　一天中紫外线照射强度并不是不变的，一天中最需要十分注意的时间是从上午十时起至下午三时左右。当然，根据天气变化，紫外线照射量也是在变化的，所以也应该注意每天的天气变化，并根据天气的变化，注意在哪个时间段里应该特别小心。

彩　虹

　　雨后，天空会出现美丽的彩虹，夏季是多雨的季节，因此，也是彩虹常常高挂蓝天的季节。为什么雨天后会出现彩虹呢？"霓"和"虹"有什么分别？

　　彩虹，也就是虹，民间也有叫"绛"的，彩虹是7种颜色组成的弧形光带。白色的太阳光其实包含有不同颜色的光线，粗略地可分为七种颜色，分别是红、橙、黄、绿、蓝、靛、紫。在正常情况下，我们只会看见太阳光是白色的。但是在雨后放晴的时候，天空中仍残留着一些小水珠，白色的阳光被小水珠折射和反射。由于不同颜色的光有不同的折射率，它们在水珠中被反射到不同的方向。如果我们在特定的仰角去观察天空，会看见不同的水珠反射出不同颜色的光，形成彩虹。

　　彩虹的外层光带一定是红色的，紫色光带一定在内。这是因为太阳光线通过大量小球形的水珠时，发生折射和反射后到达人的眼睛，形成了色彩分开的虚像。频率高的光波折射的程度要大于频率低的光波，于是彩虹中红色在外，紫色在内，中间有各色光带。

　　霓，也叫副虹。霓是和虹同时出现的，不过霓的出现的几率比较小，大多时候只出现虹，而没有霓，霓的出现位置都在虹的外圈，其亮度和颜色都不如虹。霓的色带位置排列也和虹不一样。

夏季 XIA JI
里的动植物知识
LI DE DONG ZHI WU ZHI SHI

在北半球的夏季，各类生物已经恢复生机，大都开始旺盛的生命活动。很多生物会在夏季繁殖后代，各种动物选择夏季交配、生育；植物竞相开花结果。这主要是由于夏季气候最热，各类食物丰富，而且对于卵生动物来讲，卵此时更易于孵化。

观察与调查

❧ 观察家乡的动植物 ❧

在暑假里，我们可以到附近去观察野生动植物，了解家乡的动植物资源，了解家乡的生态环境，了解家乡的生物的多样性。

夏季的昆虫是十分活跃的，我们常见一些苍蝇、蚊子、蝗虫等害虫飞来飞去，他们有的落到树上，有的落到农作物上，还有些会冲进我们的居所，向我们发动"进攻"。

当然，夏日里还有蜻蜓、蜜蜂等一些益虫也是在飞来飞去的忙碌着，他们在替我们捉害虫、传播花粉、酿造蜂蜜。

一些小动物也频频出现在树林、草地、池塘、河流中。那是一只野兔在窥视周围动静，那是一只老鼠在草丛中匆匆而过，那是一只松鼠在松树上跳来跳去，那是一只青蛙在荷叶上呱呱叫唤，那是一群蝌蚪在池塘里快速地游动。

夏季也同样是观察鸟类活动的绝佳时间。在夏季，白天变长了，使得我们有更多的时间待在阳光充足的户外空地上观察鸟类，尤其是观察许多种类的鸟儿炫耀它们全身鲜艳的夏季羽毛。在这几个月里，鸟儿也开始筑巢，我们可以观察到鸟类生育、抚养下一代的情景。

蝈蝈的饲养与观察

蝈蝈是一种生长在草丛及灌木丛中的一种昆虫，有较强的跳跃能力，雄虫还会鸣叫，所以，人们称它为鸣虫。艺术家们还把它画在纸上、写进诗里。蝈蝈还受到小朋友的喜爱。

蝈蝈一般体长50毫米左右，腹部肥大，两对翅较短，常见的有翠绿色和铁锈色。

一、捕捉蝈蝈

准备：制作昆虫捕捉网、饲养笼或饲养瓶

提示：饲养笼子可用高粱或玉米秸秆、芦苇杆、木条、竹丝、铁丝扎制或编制。

饲养瓶可用饮料瓶制作，选一个透明的饮料瓶，在瓶上的圆壁处钻若干个小孔。

捉蝈蝈的地点要选择有草丛或灌木的地方。

二、蝈蝈的饲养

蝈蝈以食豆类、蔬菜为主，习性怕光、怕热。

一般要为定量、定时喂养，定时洗浴。每天定时喂食毛豆一个，一天

洗浴一次。洗浴的方法是用小瓶装水向蝈蝈身体上滴水，将其浇湿。把蝈蝈笼放到阴凉、通风处，避免阳光直射。

三、观察蝈蝈的鸣叫

观察蝈蝈在鸣叫时的动态。

动物怎样过夏天

炎热的夏天到来了，我们这会儿一定多在有空调的屋子里，或者把自己泡在游泳池中，使酷热远离自己。那么，动物们是怎样过夏天的呢？它们也有许多办法，这是它们千百万年的进化结果。

生存在寒冷地区的皮毛兽，他们早就做好准备，在冬季过后，天逐渐热起来的时候，他们早已换了毛，脱掉了身上"御寒的外衣"，换上了夏天的专用毛，这样就不怕热了，等实在太热时就找一个洞穴或是阴凉的地方躺下休息一会，虎、狼等就是这样。

你瞧，狗在伸着舌头，兔子也竖起了耳朵，他们这是干什么呢？原来这样可以散去体内的热量。一般来说，人和动物在夏天都不爱动，有些动物却是靠身体的局部运动来降温的。比如兔子，它有一对长长的耳朵，到了夏天，耳朵里血液流动更加流畅，兔子就扇动这对大耳朵，把体内的热量散发出去。长尾猴在天热时也总爱摇摆它那条长长的尾巴，这是因为它的尾巴里有一条特殊的静脉，能将体内产生的热量迅速地散发出去。

最会戏水的陆地动物要算是大象了，它们会游泳，喜欢在泥水里打滚，更好玩的是它们那长长的鼻子还是玩水的法宝，当一群大象聚在水边时，总是用鼻子吸水后再给同伴喷水，既是玩耍又能避暑。

为减少阳光的照射面积，袋鼠采取躬着身子的办法。当气温超过35℃时，如果找不到天然的水来降温，它们就用自身的水来降温：不断地用舌头舔自己的前爪，靠口水的蒸发让体温降下来。与袋鼠相似，猴子和狗也知道用口水降温。

海马则是一种少见的能分泌"防晒霜"的动物，它们一旦感到热得受不了的时候，就会伸展四肢，一动不动，分泌出一种红色的黏液——这就是它们的"防晒霜"。这种黏液很快就变成硬壳，让海马的皮肤免受太阳的曝晒。

而海象在天热的时候就不呆在水里，而是趴在沙滩上，不断将沙拨在身上，用来吸热降温。

水牛皮厚，汗腺少，散热困难，所以一到夏天天气酷热的中午或下午，水牛便把整个身子浸在水塘里。

天气炎热时，骆驼便升高自己的体温，直到超过外界的气温。这样既不会出汗，又减少了体内水分的蒸发。夜晚，骆驼的体温又随着外界气温的降低而降下来。

持续的高温会让沙漠里的鸵鸟拼命拍打翅膀——鸵鸟的翅膀是它们与严寒和酷暑斗争的武器，翅膀外侧皮毛厚重，冬天可以挡严寒，内侧光秃，夏天拍打翅膀即可以解暑。

非洲有一种蜘蛛，它们会自己挖井，能挖40厘米深、直径25厘米的井，再在井中织一道蛛网挡住外面的阳光，这就像人们在大树底下乘凉一样。

同样，为了给蜂房降温，工蜂会运来水，洒在窝眼周围，而另一部分蜜蜂则在蜂房的入口处整齐地排成一行，用双翼使劲地往里扇风，从而加快水分的蒸发，以带走蜂房内的热量。

蝴蝶身上的鳞片，可以反射太阳的热辐射，而这种鳞片还会变化角度呢！人们设计火箭时，为减少火箭与大气摩擦产生的热量，也在火箭外壳上安装了许多陶瓷鳞片。

时值盛夏，意大利首都罗马连日来遭遇酷暑天气，人们为了给动物园里的动物们降温，费尽了心思。日本雪猴能忍受低至零下15度的严寒，但

应付酷暑绝对不是它们的强项。现在雪猴们只能靠泡在冰凉的池塘里，啃几口水果冰块儿去去火了。

 **动手DIY**

🌀 植物生长需要水分的实验 🌀

植物生长需要水分，但有的植物耐干旱，有的植物喜潮湿。做一个实验，看一看不同的植物对水分的需要有怎样的不同。

◎ 准备：

两支一样大小的试管、或两个透明的一样大小的玻璃瓶、塑料瓶、水、两株同种的有叶植物、菜油、橡皮泥或黄泥

◎ 过程：

（1）在两支试管里灌装上同样多的水，在试管外部壁上标明水面高度。

（2）将一株多叶、一株少叶的植株分别放入两个试管中。

（3）向每一个试管内倒入少量的食油后，用橡皮泥或黄泥塞住试管口，防止水分蒸发。

（4）每天观察一次，并作好记录。

（5）最后，写出实验报告。试想两试管的水减少程度有没有差别？为什么出现差别？

◎ 柯博士告诉你

几天后，试管里的水分减少，试管里的水平面逐渐下降，而试管中的水面上有一层食用油，试管口又被封闭，这两道防线，就隔绝了水与空气，试管中

的水不会直接蒸发，而水的减少只能是被植物吸收了。

另一方面，比较两个试管中的水位，你就会发现叶子多的那株植物需要的水分明显多一些，而少叶植物的试管中水位下降较少。

改变花朵颜色的实验

在一般情况下我们认为，人往高处走水往低处流，但有时水也可以流向高处。做一个实验使花改变颜色，你就可以知道，植物的生长是需要水的，而它是从地下通过根部吸收水分，并通过植物的茎输送水分到植物的全身的。

◎ 准备

两枝带有茎和叶的白颜色的花、蓝墨水或其他颜色的色素、两只饮料

瓶制成的杯子、茶杯

◎ 过程

（1）将杯中注入适量的水，并滴入两滴蓝墨水，也可以滴入其他颜色的色素。

（2）把每一枝花的茎剪成一样的长短，并把根修齐。小心地将一枝花的花茎剪开到花萼处，放入第一个杯子中。

（3）把有完整花茎的那枝花放在第二个杯子里。

（4）一个小时以后观察它们，这时的花朵开始改变颜色，它们吸收上来的彩色的水，沿着花茎向上移动到达了花瓣。

◎ 柯博士告诉你

取出枝条，用刀片横向切下一段，可以看到截面上出现的一些蓝色细点，把茎纵向切开就可以看到一些蓝色的线，这叫维管束。植物的茎就是通过维管束来输送水分和养料的，由于植物的叶片有蒸腾作用，从叶片把水分散失出去，维管束不断地把根部从地下吸收的水分，再输送到叶子里。

把带花枝条插入蓝墨水中，由于叶片和花瓣的蒸腾作用，蓝色墨水就会自下而上逐渐延伸到叶脉和花瓣中。

 小贴士

鲜花为什么五颜六色？

绿色的植物铺满了大陆，五彩的花朵镶嵌在其中，我们的家园才如此生气勃勃、美丽无比。为什么植物的叶子大都是绿色的，而鲜花却是五颜六色的呢？这是因为花朵的花瓣细胞中存在着不同的色素。

如果花瓣中的细胞中含有花青素，那么花瓣就呈现红色、紫色或蓝色。如果花瓣的细胞中含有类胡萝卜素，那么花瓣就呈现黄色、浅黄色、橙红色；如果花瓣的细胞中含有气泡较多，那么

花瓣就会是白色的。自然界最常见的是白色、黄色和红色的花朵，因为这三种颜色的花瓣能反射阳光中光波长、色温高的光，能保护花朵不受过多的阳光照射而遭到伤害。

自然界里黑色的花极少见，因此也就显得珍贵。如：黑牡丹、墨菊、黑郁金香等都是名贵的花。

🐚 金龟子针插标本制作 🐚

金龟子是一种漂亮的昆虫，颜色各异，有的还呈现闪闪发光的耀眼金光，甚至在古代埃及，人们还把推粪金龟当做为永恒的象征。其实大多数金龟子都是农林害虫，只不过它们的形象不那么讨厌而已。

◎ 准备

昆虫、昆虫针、大头针、1厘米厚的废旧包装泡沫板、图画纸、透明的塑料包装盒或饮料瓶、剪刀、美工刀

◎ 制作过程

（1）依照包装盒的盒底，在塑料板上画一个和盒底大小相仿的圆。

（2）把泡沫塑料板放进盒内，垫在盒底。

（3）把金龟子放进标本盒里，用大头针插在泡沫板上，注意布局美观，并用昆虫针整形，使金龟子呈自然状态。

（4）盖罩盖，并用胶带纸将盒盖粘牢。

（5）写好标本标签，贴在标本盒的下部。

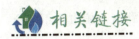

常见的昆虫小档案

螳螂：昆虫纲，螳螂目的通称，各种各样的螳螂约有1 550种，常见的有螳螂，也称大刀螂，体长约有8厘米，呈褐色或绿色。头部呈三角形，细腰、大肚、复眼大，触角细长，胸部有两对翅、3对足，前一对足呈镰刀状，其腿节胫节生有勾状刺，用于捕捉害虫。

蟋蟀：昆虫纲直翅目，蟋蟀科。最常见的蟋蟀体长约20厘米，雄性蟋蟀好斗，善鸣，人称"蛐蛐"、"促织"。蟋蟀在地下活动，啃食植物的叶子、茎叶、根、种子、果实，是农业害虫。蟋蟀虽是农业害虫，但因擅鸣、好斗，被一些人当做宠物饲养，我国在古代就盛行斗蟋蟀的活动。有一些作家还把斗蟋蟀的活动写入了文学作品，在《聊斋》、《济公传》等著作里，蟋蟀都成了明星呢。

蝗：也称蝗虫，昆虫纲直翅目蝗科。蝗虫种类很多，全世界约有

螳螂 <<<

蟋蟀 <<<

>>>　七星瓢虫

10 000种之多，我国也有300种。蝗虫体躯细长，呈绿色或黄褐色，后腿强壮擅于跳跃。蝗虫是不完全变态的昆虫，幼虫、成虫都以禾本科植物的茎叶为食，是农林业的害虫。蝗灾危害极大，它们成群结队、遮天蔽日，眨眼之间就会毁掉成片的农作物。

七星瓢虫：昆虫纲鞘翅目瓢虫科。它的鞘翅呈红色，但每边均有三个黑点，另一个黑点则在两个鞘翅中央，共有七个黑点，其学名亦是以此为名。七星瓢虫的生态分布很广，是扑食性瓢虫，差不多有蚜虫的地方就有它们的踪迹。因为它专以蚜虫、介壳虫为食，所以是可以进行生物治虫的益虫。

蚂蚁：昆虫纲鞘翅目蚁科昆虫的通称，蚂蚁的种类很多，有植食性的也有肉食性的。蚂蚁一般都没有翅膀，只有雄蚁和没有生育的雌蚁在交配时有翅膀，雌蚁交配后翅膀即脱落。蚂蚁是一种既渺小而又平常的社会群体昆虫，在昆虫界它种类最多、生存量最大。蚂蚁约有260属，16 000多种。它的起源可追溯到一亿年前的恐龙时代，那时地球上就有蚂蚁的祖先繁衍。随着地球生态环境的变迁，身躯庞大的恐龙早已灭绝了，而身躯细小的蚂蚁在自然界依靠集体的力量和顽强的生命力一直生存繁衍到今天。

蜻蜓：是属于蜻蛉目差翅亚目的昆虫。它的特征包括硕大的复眼，两对强而有力的透明翅膀，以及修长的腹部，长约8厘米。蜻蜓种类很多，大约有5 000多种。蜻蜓一般捕食蚊子、摇蚊和其他小昆虫，部分甚至捕食鱼类。蜻蜓常雌雄成群，在水边飞行，交尾后，雌虫产卵于水草中。"蜻蜓点水"其主要作用就是雌蜻蜓正在水面上产卵。

金龟子：亦称金龟甲，昆虫纲，鞘翅目金龟子科。金龟子体形多为卵圆形，触角鳃叶状，各节能自由开闭，幼虫乳白色，常弯成马蹄形居于土中。金龟子吃食植物的根、茎、叶，危害大豆、花生、小麦及薯类等农作物。

蜘蛛：节肢动物门，蛛形纲中蜘蛛目及盲蛛目的通称，种类繁多。蜘蛛目不分节，呼吸器官有书肺或兼有气管，如：圆网蛛、壁钱、络新妇等，盲蛛目腹部分节，无书肺，只有气管，如盲蛛。

✿ 我们应该如何灭蚊 ✿

蚊子是一种常见的昆虫，属昆虫纲、双翅目，蚊科。全世界约有2 000多种蚊子，在我国有约200余种。

夏季正是各种昆虫繁衍生息的大好季节，更是蚊子肆虐的时期。雌蚊吸血，不仅会造成我们皮肤瘙痒搅扰，影响夜间睡眠，更会在吸血过程中传播疟疾、乙型脑炎、登革热等传染性疾病。

自古以来，人们就发明了许多方法灭蚊，例如：用蚊香驱蚊、用药品杀蚊、用蚊帐防蚊等。到了近代人们又发明了用化学药物杀灭蚊子的方法，这种方法虽然效果较好，但是，人们逐渐发现使用药物缺乏安全性。有时会使人中毒，甚至会污染环境，造成生态灾难。

印度一度流行由蚊子传染的登革热传染病，当时，印度政府紧急从首都新德里调运大量青蛙，请青蛙来消灭蚊子。青蛙是蚊子的天敌，这种生物灭蚊方法取得了令人满意的效果。

另一种灭蚊方法是，改善我们的环境卫生条件，清除蚊子的孳生场所，使它们的生存空间尽量缩小，没有了生存环境，蚊子就会灭亡或离开这里，去寻找适合它们生存的环境。例如：清除积水，保持池塘、河沟水质，维持那里的生态平衡，爱护青蛙。

要彻底消灭蚊子那是不可能的，也没有那个必要，因为蚊子及其幼虫还是许多动物的美餐呢。只要我们把蚊子驱赶到它们应该去的地方，回到大自然中去就可以了。

蝉生命的"质数现象"

蝉的幼虫期叫蝉猴、知了猴或蝉龟。最大的蝉体长4—4.8厘米，翅膀基部黑褐色。夏天在树上叫声响亮，用针刺口器吸取树汁，幼虫栖息土

中，吸取树根液汁，对树木有害。蝉蜕下的壳可以做药材。

蝉是同翅目半翅亚目昆虫的一科，由于其雄性发出的声响（zhīliǎo），又叫知了。蝉具有透明的有脉纹的翅膀和分得很开的小眼睛。雄性蝉身体两侧有能够发出很大声响的"鼓室"。他们趴在树干上，向前或左右扭动肚子来调节发出的声响。

蝉属不完全变态的渐变态类。一般生活史都较长，2—3年完成一代。而其中最著名的种类要数美国的17年蝉——

1634年，来自欧洲的殖民者在美洲大陆田纳西地区惊异地发现：大量的蝉仿佛一夜之间从地底冒出，虽然没造成什么大损失，但每公顷数百万只的蝉"大军"实在让人害怕。几个星期过后，这些蝉销声匿迹。但时隔17年，这一现象再次出现，直到1991年，大量蝉冒出地面的景象已一共出现了22次，而且周期非常准确。

科学家观察发现，蝉在卵孵化以后，幼虫"潜伏"在地下靠植物根茎的汁液吸取营养，然后在长达数年、甚至十几年的某一特定周期后钻出地面并爬上树干，此后的短短数周，它们完成产卵的使命后就结束了一生。

然而有意思的是，经统计蝉的生命周期大都为质数。比如，科学家发现，在北美洲北部地区其周期为17年，而在北美洲南部地区都是13年。为什么是17和13，而不是其他数字呢？进化论给了这个问题一个比较合理的答案。科学家解释说，蝉在进化的过程中选择质数为生命周期，可以大大降低与天敌遭遇的机率。比如说，如果它周期是12年，则与那些生命周期为1年、2年、3年、4年、6年及12年的天敌都可能发生遭遇，而使得种群生存受威胁。但这一解释目前还只能停留在猜想和经验总结阶段。

常见的野草

苍耳：菊科，一年生草本植物，高约90㎝，叶片宽，呈三角形，边缘有不规则粗锯齿，叶柄较长，春夏开花，果实称苍耳子，果实硬壳外，长有带小勾的硬刺，果实有毒。但果实可入药，也可提取工业用油脂，茎可以提取植物纤维。

苍耳

乌拉草

乌拉草：又称靰鞡草，是莎草科薹草属植物，主要生长于我国的辽宁省、吉林省、黑龙江省和内蒙古自治区境内的呼伦贝尔市、兴安盟、通辽市和赤峰市及外兴安岭以南（包括库页岛）的森林、草甸或沼泽地区。乌拉草具有保暖防寒的作用，可以用来填充在靰鞡鞋中。乌拉草被誉为东北三宝之一。

芨芨草：多生长在微碱性的土壤中，为中等品质饲草。对于我西部荒漠、半荒漠草原区，解决大牲畜冬春饲草具有一定作用，终年为各种牲畜所采食，但时间和程度不一。骆驼、牛喜食，其次马、羊。在春季、夏初嫩茎为牛、羊喜食，夏季茎叶粗老，骆驼喜食，马次之。霜冻后的茎叶各种家畜采食。

狗尾草，一年生草本植物；秆直立或基部膝曲，高30~100厘米；叶片扁平，狭披针形或线状披针形；圆锥花序紧密呈柱形，刚毛粗糙，通常绿色或褐黄色。狗尾草的种子适生性强，耐旱耐贫瘠，在酸性或碱性土壤均可生长，常见于农田、路边、荒地。狗尾草在全球分布广泛，我国的各地也均有分布，为常见主要杂草。麦类、稻类、玉米、旱作物易受其侵害，与作物争夺肥力能力强，会造成作物减产。

芨芨草

狗尾草

香蒲：俗称蒲草，香蒲科多年生草本，地下有横生根状茎，叶片广线形排列成行，夏季开花，雌雄花穗密密排列在同一穗轴上，形如蜡烛，生于水边或池沼里，嫩芽可食用，根状茎含淀粉可酿酒，叶片可编席子，花粉可用作止血药。

香蒲

夏枯草：唇形科，多年生草本植物，茎直立方形，基部匍匐地面，叶对生卵形或椭圆形、披针形，花紫色或白色，夏初开花，夏末全株枯萎，因此得名。夏枯草有很高的药用价值，性味辛、苦，性寒，归肝、胆经，无毒，全草入药。夏枯草亦为广东凉茶夏桑菊的主要原料之一。

识别蘑菇

　　夏季也是野生蘑菇繁殖的季节，在树林中有各种各样的蘑菇。特别是下过雨后树林中的蘑菇会很快生长。蘑菇是一种很好的食品，很受人们的欢迎，不过野生的蘑菇不能随意采摘，因为有的蘑菇是有毒的。如果误食了毒蘑菇，那可就会发生中毒，甚至使人死亡。

　　没有经验者自行摘采野生的蘑菇类来食用是非常危险的行为，目前并没有简单的方法可以直接判定蘑菇是否可食。毒蘑菇中有许多品种与食用蘑菇非常相像。也有毒性虽然弱但仍会造成严重症状者（例如日本亮耳菌这种弱毒性的品种，也有造成死亡的案例）。自然界中仍有许多未经研究的蘑菇类存在，且没有毒性的品种在不同的地方也可能产生毒性，或是以往研究不充分而认为是食用蘑菇、近年才发现有毒的。

　　毒蘑菇并没有非常确切的辨识方法。"会裂开的蘑菇就是食用蘑菇"、"毒蘑菇的颜色都很鲜艳，所以颜色不显眼、味道不错的蘑菇类就可以吃"、"不会让银器变色的就可以吃"、"被虫吃过的蘑菇就可以吃"、"泡盐水或加盐煮过就可以去掉毒素"等，都是没有根据的说法，绝对不能当做实际的判断根据。例如毒性极高的红褐杯伞就颜色不显眼、常裂开来。

>>> 以前认为是食用蘑菇，现在被认定有毒的贝形圆孢侧耳

夏季 XIA JI

里的安全保健知识

XIA JI DE AN QUAN BAO JIAN ZHI SHI

夏季气候炎热，外界的高温使人们容易感觉疲劳、精神不振，许多疾病会在夏季诱发，同时台风、暴雨等灾害性天气又会对人们的生命安全造成威胁，夏季安全保健，不容忽视。

台风来了如何避险?

夏季,我国经常遭遇来自东太平洋的台风袭击,台风的猛烈往往给台风经过的地区带来灾害,因此,我们要知道台风的知识,知道如何避险。

1. 尽量不要外出。

2. 及时收听、收看或上网查阅台风预警信息,了解政府的防台行动及政策。

3. 关紧门窗,紧固易被风吹动的搭建物。

4. 如果在外面,千万不要在临时建筑物、广告牌、铁塔、大树等附近避风避雨。

5. 如果开车的话,则应立即将车开到地下停车场或隐蔽处。

6. 如果住在帐篷里,则应立即收起帐篷,到坚固结实的房屋中避风。

7. 处于可能受淹的低洼地区的人要及时转移。

8. 如果在水面上(如游泳),则应立即上岸避风避雨。

9. 如果已经在结实的房屋里,则应小心关好窗户,在窗玻璃上用胶布贴成"米"字图形,以防窗玻璃破碎。

<<<

1979年10月12日的台风泰培,有记录以来最强烈的台风

10. 如台风加上打雷，则要采取防雷措施。

11. 台风过后需注意环境卫生，注意食物、水的安全。

夏季怎样穿着更凉快

因为天气炎热，是否"凉爽"便成了夏季挑选着装的首要条件。夏季穿衣是否凉爽，除了与衣料的透气性（主要是厚度、密度）有关外，与衣料的吸湿性关系也很大。据测定，气温在24℃、相对湿度

在60%左右时，蚕丝品的吸湿率约为10%，棉织品约为8%，合成纤维的吸湿率最差，一般不到3%。所以在夏季，有经验的人常选用"真丝"作为夏季的衣服面料。真丝衣服不仅吸湿和散湿性能好，而且还是一种蛋白质纤维，对人体皮肤非常有益，加之重量轻、厚度薄，因而穿起来非常凉爽。此外，植物纤维的棉布及高支纱府绸也很适合做夏季的衣服。

一般来说，夏季衣服覆盖面积越小，身体散热也越快，因而愈觉得凉爽。但也不能一概而论，以为"盛夏酷暑时打赤膊最凉快"。研究表明，赤膊只能在皮肤温度高于环境温度时，增加皮肤的辐射、传导散热，而盛夏酷暑之日，气温一般都接近或超过37℃，皮肤不但不能散热，反而会从外界环境中吸收热量，因而打赤膊会感觉更热。从这个意义上说，越是暑热难熬之时，男人越不要打赤膊，女性也不要穿过短的裙子。

要想夏季穿着凉爽，还必须考虑到衣服内的"吸风"和"鼓风"作用，衣服要做得宽松些，尤其领、袖、裤腿等开口处要做得敞开些，牛仔裤和紧身衣不适合夏天穿。生活中的夏日，女性常常和裙子密不可分。这里要说明的是，喇叭裙、连衣裙在走动时能产生较大风，因而穿起来比西服裙更凉快。

夏季因为气温高，人体容易出汗。从健康角度上说，大汗淋漓过后，汗湿的衣服要及时更换。《千金要方·道林养性》认为，夏季衣服汗湿不换，最易汗湿的部位是人体的背、腰等部位，久着不去，易伤人阳气，严重时可导致寒湿一类的病变；此外，长时间穿汗湿的衣服，还容易使人患疮疖和一些皮肤瘙痒病症。

预防夏季常见病

夏季里日照强烈、气温高、空气湿度大，在这个季节里是病菌、病毒及传播病菌、病毒的昆虫大量繁殖和极其活跃的时期，因此在这个季节里，人极易被强光、高气温、病菌、病毒所侵害，使人患上夏季的常见病。

在强光的照射下，皮肤会受到过度紫外线照射的伤害，容易发生皮肤晒伤，因此外出时最好避开10点至15点光照最强的时刻，或者外出时戴凉帽、撑阳伞。

有时，因为天气过度炎热并超出了人的耐受程度，会使人突然晕倒、身热、恶心呕吐、烦躁气粗、大汗或无汗。严重者甚至出现昏迷不醒、四肢抽搐、牙关紧闭的现象，这就是中暑了。

如果有人中暑，应该立即将病人抬到阴凉通风处，并平卧松解衣服、用冷水擦洗全身；或在头部、腋下放置冰袋降温，口服清凉饮料及人丹、十滴水、藿香正气水等中成药。重症或年老体弱并有心脑疾病的患者，应马上送医院治疗。

夏季高温，痢疾杆菌大量繁殖；苍蝇乱飞，成了病菌的传播媒介；大量饮水又使胃液冲淡，杀菌力下降。如果你不注意饮食卫生，就可能发生腹泻。一般腹泻是细菌性痢疾、食物中毒、或因食用冷食过多使消化功能下降而引起的。

夏季里由于高温食物极易腐烂变质，吃了腐烂变质的食物，就会引起细菌性食物中毒，中毒后会使人呕吐、腹痛腹泻，情况严重的须立即入院治疗。

预防腹泻的根本办法在于饮食要清洁卫生。食物饮料必须防蝇、防蟑螂。剩饭菜要当时回锅、高温灭菌后冷藏；如果食物腐败变质，就不要再吃了。饭前饭后要洗手，便前便后更要洗手。用餐后应及时清洗消毒杯盘碗筷，生吃果蔬一定要消毒洗净。

夏季也是"红眼病"流行的季节。这是一种由细菌或病毒引起的传染病。它通过手、用具、沐浴、游泳等途径快速传播扩散。患者会眼部刺痛、眼睑水肿、分泌物增多、结膜充血。

夏季又是心脑血管病的高发

季节，因为高温酷暑容易使人烦躁不安，大量出汗又会导致血液浓缩，这些因素都能引起血压升高，严重者会引起中风或心肌梗塞。

❧ 中午一觉　睡出精神 ❧

夏季的白天人们容易"打盹"，这是因为夏日昼长夜短，夏夜燥热难耐，影响了睡眠质量，高温又使人体皮肤血管受热扩张，大量血液流入，这些都可使肌体的消耗增大，出现疲乏的感觉产生睡意。此外，许多人因工作或生活方式原因，日常生活缺乏应有的规律，经常熬夜，睡眠不足。尤其是在午饭后，人的身体为保证食物的消化吸收，全身大部分血液流向消化系统，大脑的血液相对减少，加上经过一个上午的工作或学习，脑细

西班牙画家 Joaquin Sorolla 的作品《午睡的儿童》 <<<

胞也处于疲劳状态，故有昏昏欲睡感。

午间这种睡意的产生是正常的，我们可以通过午睡补偿夜间睡眠的不足，使人的大脑和身体各个系统都得到放松和休息，这更有利于下午的工作学习以及晚上的正常生活活动。

午睡被称为是一种最佳的"健康充电"方式，它有以下几个功效：

首先，午睡过程中，有利心脏的健康，降低心肌梗死等心脏病的发病率。

其次，提高肌体的免疫机能，增强肌体的抗病能力。

第三，养脑健脑，振奋精神。经过一上午的学习或工作，大脑处于疲劳状态，午睡可使人的大脑及身体各个系统都得到放松与休息，可使人精力充沛，反应敏捷，情绪良好。

午睡虽是促进健康的一种良好手段，但也要讲究方法，否则效果将会适得其反。一般不要饭后立即就睡，不要坐着打盹或趴在桌面上睡，睡的时间也不要过长，一般1个小时左右比较合适，最长不要超过一个半小时。

夏季消暑七不宜

盛夏，酷暑难当，人们为求得一份凉爽，往往忽视了防病保健，而诱发各种不适感，甚至导致病痛发生。因此，消暑也要讲科学，切不可掉以轻心。

不宜坐木

俗话说："冬不坐石，夏不坐木"。夏天气温高，湿度大，木头，尤其是久置露天里的木料椅凳等，露打雨淋，含水分较多，太阳一晒，温度升高，会向外散发出湿热，使人易患皮肤病、风湿和关节炎等。

不宜多吃冷食

在炎热的夏季，如果胃肠受到大量冷食的刺激，会加快蠕动，缩短食物在小肠里的停留时间，影响人体对食物营养的吸收。同时，由于夏季气温高，体内热量不易散发，胃肠内的温度也较高，如果骤然受冷刺激可导致胃肠痉挛，引起腹痛。

不宜露宿户外

盛夏时节，身上的汗腺不断向外分泌汗液，以散发体内的热量，睡着后，肌体处于放松状态，抵抗力暂时下降。此时如果正值夜晚，气温下降，再遇冷风袭来，露水加身，容易导致头痛、腹痛、关节不适，并引起消化不良和腹泻。夜晚露宿还易被蚊虫叮咬。

不宜缺少午睡

夏季昼长夜短，气温高，人的新陈代谢旺盛，消耗量也大，容易疲劳。加上夜间炎热，睡不安稳，导致睡眠不足。因此，中午睡上一二个小时，对健康大有裨益。午睡可使身体各系统得到休息，也是防止中暑的一项好措施。

电风扇不宜吹得过久

电扇吹得过久会破坏出汗的均衡状态，使人感到头痛、头昏、腿酸手软、全身不适，严重者还可能诱发其他疾病。盛夏之夜开着电扇入睡，更容易受凉。尤其老年人和儿童更应注意。

空调不宜开得太大

空调能给人带来舒适的环境。但如室内外温差太大，人对室内外温度变化难以适应，则容易"伤风、感冒"，而且如室内外温差太大，不注意室内通风换气，会使室内空气混浊，致使各种病原微生物孳生。因此，夏天使用空调时室内外温差不易太大，最好在5—8℃之间，最大不能超过10℃。

不宜"快速冷却"

炎夏，人们外出归来为尽快消汗除热，往往喜欢冲冷水浴来"快速冷却"，但由于人在阳光下吸收了大量的热量，如此"快速冷却"，使全身毛孔迅速闭合，使热量不能散发出而滞留体内，引起高热，还会因脑部毛细血管迅速收缩而引起供血不足，使人头晕目眩，重者还可引起休克；而且此时人体抵抗力降低，感冒就会"乘凉而入"。因此，最好的方法是先将身上的汗擦干或待汗发散干之后再冲洗。

野浴危险

　　夏季是一个炎热的季节，也是一个适合游泳、戏水的季节，但也正因为如此，这也是青少年溺水不幸事故多发的季节。在夏季为了减少这类事故，就要做到了解游泳安全知识，注意夏季游泳的安全。

　　自然界有许多水面可供游泳或戏水，这些地方大都开辟为游泳区，那里的水质比较好，水下状况也比较安全，经过了人工的勘测或修整，而且那里有救生设施和救护人员。在这样的环境中游泳和戏水是安全的。在室内游泳馆游泳和戏水就更安全些。

　　另一些自然水面是不适合游泳和戏水的，有的水域表面看似平静，可在平静的水面下，却暗藏着危险。这是因为那里的水深，水底情况复杂：有的深浅不一，有时水底下还有深坑，水底下生长着许多植物，有的地方

存在漩涡、暗流、暗礁及其他水底下的障碍物，这些都会使人在游泳中发生不测。

沉痛的教训告诉我们，不能图一时凉快，而不顾危险去野浴。

喜迎蔬菜、瓜果旺季

每年盛夏到来的时候，各地的地产蔬菜、瓜果，像潮水般的涌向农贸市场，市场上的蔬菜、瓜果价格急剧下降，正像早些年人们说的"快马追不上青菜行"。

农贸市场、超市摆满了黄瓜、西红柿、芹菜、韭菜、马铃薯、茄子、包菜、花菜、西瓜、桃子、李子、杏子……菜贩们口里还不住地喊着："当地的西瓜，大地的韭菜……"，以吸引、招徕顾客。适逢盛夏我们的食谱该少

荤多素，特别是多食用地产的蔬菜瓜果，这样才能利于我们健康地度过盛夏酷暑。

　　同时，人们也越来越认识到，吃蔬菜瓜果要追求安全、环保。因为当地大地生产的蔬菜瓜果，是在广阔的大地上栽种的，这些蔬菜瓜果在大地上，接受充足的自然光照和雨露，吸收了大地提供的自然的水和各种养分，在这种自然状态下生长的蔬菜瓜果，显然比在棚里用人工的一些技术手段催熟的蔬菜瓜果好得多。

　　另外，这些蔬菜瓜果不用远程运输，因此也就不用多加包装，不用使用防腐剂，这就保证了蔬菜瓜果的新鲜和洁净，也不必担心防腐剂对人的健康造成危害，同时不用包装，就没有因包装而产生的废弃物，不用远程运输，就会节省因运输而用的能源，也会减少因消耗能源而产生的空气污染。所以，夏季多食用地产蔬菜瓜果是一种明智的选择。

蔬菜的颜色与营养

　　我们体内所需要的许多营养均来源于蔬菜。一个成年人每天摄入200–500克蔬菜才能满足肌体的需求。在生活中，人们往往以蔬菜的价格

白茄子与紫茄子

与味道作为选择标准，其实这很不科学。判断蔬菜的营养价值主要是该蔬菜内含有多少人体必需的维生素以及矿物质和纤维素等。

　　科学家通过对

多种蔬菜营养成分的分析发现，蔬菜的颜色与营养关系密切。一般来说，颜色深的营养价值高，颜色浅的营养价值较低，其排列顺序是"绿色蔬菜——黄色红色蔬菜——无色蔬菜"。

科学家还发现：同类蔬菜中由于颜色不同，营养价值也不同。紫茄子含有丰富的维生素P，能增强微血管壁的抗压能力，改善血管功能，常食对高血压、皮肤紫癜及易发生出血倾向疾病的患者有益。黄色胡萝卜比红色胡萝卜营养价值高，其中除含大量胡萝卜素外，还含有具强烈抑癌作用的黄碱素，有预防癌症的功用。

科学家还发现，同一株菜的不同部位，由于颜色不同，其营养价值也不同。大葱的葱绿部分比葱白部分营养价值要高得多。每100克葱绿含维生素A1 750个国际单位，而葱白几乎不含维生素A，维生素B1及维生素C的含量也不及葱绿部分的一半。颜色较绿的芹菜叶比颜色较浅的芹菜叶和茎含的胡萝卜素多6倍，维生素D多4倍。

由于每种蔬菜所含营养素种类和数量各异，而人体的营养需要又是多方面的，所以，在选用蔬菜时除了要注意蔬菜的颜色深浅外，还应考虑多种蔬菜搭配并与肉食混吃。

生吃蔬菜

生吃蔬菜在现代生活中已相当普遍。据资料介绍，生食蔬菜对防癌抗癌能起到积极作用。

我国山东省苍山县胃癌死亡率为十万分之三点四五，是长江以北地区胃癌死亡率最低的县。当地居民常以大蒜佐餐，有些乡村每人每日平均食生大蒜20克。还有报道，美国80高龄的生食专家安妮·威格摩尔，20多年前就开始生食蔬菜和果汁。

生食为什么具有如此之奇效？营养学家对此作了大量的调查研究：因为新鲜蔬菜、水果、菌类等在烹调时，其维生素、无机盐以及某些抗癌因子等都会受到不同程度的损失，各类生理活性物质包括抗癌物质也会遭到严重破坏。只有生吃时，它们才能更有效地接触人体黏膜细胞，进而更好地发挥作用。

生蔬菜中的营养物质含量不仅远远超过熟食，而且具有阻止上皮细胞发生恶变的作用，因此可阻断致癌物质与宿主细胞的结合。如生蔬菜中的β胡萝卜素、木质素、挥发油、酶等，被人体吸收后可以激发巨噬细胞的

活力，增强免疫力，把已经癌变的细胞吞噬掉，起到积极的抗癌作用。在国外，人们把生食作为抗癌的手段，称之为"生食疗法"，并收到很好的疗效。

由于生食具有这么多的好处，故国外生吃的风气越来越烈，除了生吃黄瓜、胡萝卜、番茄、萝卜外，还有白菜、莴苣、卷心菜、茄子、花菜、辣椒、洋葱、芹菜等，一概不煮，统统生吃。由于生活习惯的不同，我国人民吃生菜的并不多。当我们尝试生食蔬菜时，还可以少摄入油、盐、糖、味精等调味品，调节口感。此外，生食蔬菜务必要事先清洗干净。

正确烹饪蔬菜

我们洗菜、切菜时，必须先洗后切，随切随炒。如果没炒之前把菜泡在水里的时间过长，蔬菜中的可溶性维生素和无机盐就会溶解于水中从而损失掉。另外，还要注意切后就要及时下锅，不然，维生素会氧化。

菜入锅后讲究旺火、热油、快炒：油菜、黄瓜、芹菜、蒜苗之类的绿色蔬菜由叶绿素构成，叶绿素是一种不稳定的植物色素，若加温时间过长，吃起来既不脆嫩可口，维生素也会损失很多。

炒菜切忌慢火久炒、非达到熟烂不可：如果动作麻利，应在不妨碍杀菌的情况下迅速炒好。此外，做菜还要盖严锅盖，否则，水蒸气大量蒸发，溶解于水的维生素也随之蒸发散失，就连食物的香味也会飘散而去。

烹饪中的味精是很好的调味品，易溶于水，使蔬菜味道鲜美。味精的主要成分是谷氨酸钠，是人体所必需的一种氨基酸。但要注意，谷氨酸钠在高温时会被破坏，分解成带一定毒性的焦谷氨酸钠，因此可在起锅时加味精。同时味精也不可多放。

🌿 夏日不妨多"吃苦" 🌿

夏日酷热潮湿，各种疾病易乘虚而入。专家建议，夏日不妨多吃点"苦"，对人体健康有好处。

《周礼》中记载："凡和，春多酸，夏多苦，秋多辛，冬多咸"，意思是说，大凡调配饮食，春天多酸味，夏天多苦味，秋天多辣味，冬天多咸味。而另一本医书《本草备要》也指出："苦能泻热而坚肾，泻中有补也。"

生活中，一般人很难把"苦"和"补"联系起来，其实苦味食物中含有氨基酸、维生素、生物碱

成熟的苦瓜

等，具有抗菌消炎、解热去暑、提神醒脑、消除疲劳等多种医疗、保健功能。

第一，苦味食品可防癌抗癌。科学研究发现，苦味食品中含有丰富的维生素B17，它具有强大的杀伤癌细胞的能力。我国中医也发现，癌症病人尤以阴虚多见，这与饮食上嗜辛辣而恶苦味，导致人体阴有余而阳不足不无关系。

其二，苦味食品可增加食欲。现代营养学家认为，苦味食品可促进胃酸的分泌，增加胃酸浓度，从而增加食欲。

其三，苦味食品醒脑提神。带苦味的食品中均有一定的可可碱和咖啡因，食用后醒脑，有舒适轻松的感觉，可使人们从夏日热烦的心理状态中松弛下来，从而恢复精力。

生活中最常见的苦味食品就是苦瓜了。苦瓜又名癞瓜、凉瓜。它营养丰富，富含蛋白质、脂肪、糖、钙、钠、铁、胡萝卜素、硫胺素、核黄素、苦瓜贰等。未熟嫩瓜可做蔬菜食用，成熟后，瓤可生食，瓜可做汤，又可凉拌，还可清炒，也可与肉、鱼一起做菜，清脆爽口，别有风味，具有增强食欲、助长消化、除热邪、解劳乏、清心明目、益气壮阳等功效。

蒲公英是一种菊科植物。蒲公英带根的全草，既可作为蔬菜充饥（多用嫩叶，凉拌、烹煮即可），又可入药治病。多吃也不伤人，还可起到清热、解毒、缓泻、利胆、保肝、健胃、降血压、提神醒脑、抗菌抗癌的功效。据悉，目前日本已研制开发出蒲公英系列保健饮料和食品。

此外，茶叶、咖啡、巧克力、可可等带苦味的食品，夏季也不妨选择食用。但需注意的是，苦味食品一次食用不宜过量，过苦容易引起恶心、呕吐、败胃等不适反应。

不宜贪食冰冻西瓜

夏天炎热，人们爱将西瓜切开放进冰箱内冰冻后食用。但食用长时间冰冻后的西瓜，对人体健康是有影响的。

这是因为切开的西瓜冷藏后，瓜瓤表面形成一层薄膜，冷气被瓜瓤吸收。食用时，口腔内的唾液腺、舌味觉神经和牙周神经都会因冷的刺激而处于麻痹状态，不但难以品出西瓜的甜味，还容易引起咽喉炎。

另外，多吃冷藏西瓜会损伤脾胃，影响胃液分泌，使食欲减退，造成消化不良。特别是老年人消化机能减退，吃后易引起厌食、腹胀痛、腹泻等肠道疾病。

因此，西瓜不宜冷藏后再吃，最好是

现买现吃。如果买回的西瓜温度较高，需要冷处理一下，可将西瓜放入冰箱降温。但这时应把冰箱温度调至15℃，西瓜在冰箱里的时间不应超过两小时。这样才既可防暑降温，又不伤脾胃，还能品尝西瓜的甜沙滋味。

酷暑盛夏多饮白开水

水是人体的重要组成部分，并且参与生命过程，人体内水的含有量约占体重的70%左右。在盛夏酷暑季节，因为气温高，人体不断排汗散热，因此大量的水分从体内排出，这时人们不得不增加饮水，以不断地补充身体由于排汗过多而失去的水分。所以酷暑盛夏人们更离不开水。

古代人们就制作各种清凉的饮料，以祛除暑热，调节体温，补充营养。例如：冰茶、绿豆汤、酸梅汤、红枣汤等消暑凉汤饮料都是千百年以来的传统的饮料。

随着科学技术的发展，现代消暑饮料更是多种多样十分丰富。例如：果汁饮料、奶露饮料、碳酸饮料、瓶装水等等，还有一些冰食、冷饮等也颇受人们的欢迎，特别是人们在盛夏酷暑难挨时，更喜欢冷饮。

医学专家告诉我们：冷饮虽然有消暑降温的功效，但不能喝得太多。冷饮、冷食吃得过多，会冲淡胃液，影响消化并刺

激肠道，影响人体对食物中营养成分的吸收。同时专家也警示我们：经常喝碳酸饮料也不利健康，因为，碳酸饮料会使人发胖，会损害人的牙齿，因此儿童更不宜常饮碳酸饮料。

医学专家说：夏日最好的饮料就是白开水加少量的盐，因为，这种水能补充人体因出汗而失去的水分和盐。

夏季保健误区

夏天多喝啤酒能解暑吗？

暑热天，喝啤酒的确有一种凉爽的感觉。但是，多喝会使人感到口干咽燥、全身发热。因为啤酒含有酒精，如一次喝得过多，进入人体的酒精含量就会过高。如果不断地喝啤酒，由酒精造成的"热乎乎"的感觉就会持续不断，口渴、出汗症状会加重。

夏季晨练越早越好吗？

由于夏天日照时间长，夏天就变成了昼长夜短，人们容易早早就醒来，于是很多人也就早早出门锻炼。其实，在天亮之前或天蒙蒙亮的时候，空气并不清新，不利于健身。据专家研究，在夏季早晨6时前，空气中的污染物最不易扩散，是污染的高峰期。此外，日出前，由于没有光合作用，绿色植物周围并没有多少新鲜氧气。此外，太早晨练易患感冒，引发关节疼痛、胃痛等病症。故夏季晨练的时间不是越早越好。人们不宜早于6时前外出锻炼。

空调应保持恒温状态吗？

许多人在夏季使用空调时，习惯将温度定在某一个值上，其实这并不是一个好习惯。如果不断调节居室温度，可以使人的生理体温调节机制经常处于"紧张状态"，从而提高人的适应能力和自我保护能力，不会经常患感冒或其他居室病症。当然，刚开始利用空调进行调节时，温度变化幅度应控制在3℃至5℃之间；半个月后，幅度可逐渐提高到6℃至10℃。温度变化也不要太突然，每次调节以1℃至2℃为宜。

夏季节气养生

立夏

立夏、小满在农历四月前后，称之为孟夏（夏之初），天气渐热，植物繁盛，此季节有利于心脏的生理活动，人在与节气相交之时故应顺之。所以，在整个夏季的养生中要注重对心脏的特别养护。《医学源流论》曰："心为一身之主，脏腑百骸皆听命于心，故为君主。心藏神，故为神明之用。"在中医文献中对心解释为血肉之心和神明之心。血肉之心即指实质性的心脏；神明心，是指接受和反映外界事物，进行意识、思维、情志等活动的功能。

立夏节气常常衣单被薄,即使体健之人也要谨防外感,一旦患病不可轻易运用发汗之剂,以免汗多伤心。老年人更要注意避免气血瘀滞,以防心脏病的发作。故立夏之季,情宜开怀,安闲自乐,切忌暴喜伤心。清晨可食葱头少许,晚饭宜饮红酒少量,以畅通气血。具体到膳食调养中,我们应以低脂、低盐、多维、清淡为主。

小满

小满节气正值五月下旬,气温明显增高,如若贪凉将引发风湿症、湿性皮肤病等疾病。在小满节气的养生中,我们要特别提出"未病先防"的养生观点。就是在未病之前,做好各种预防工作,以防止疾病的发生。在未病先防的养生中仍然强调:天人相应的整体观和正气内存、邪不可干的病理观。中医学认为人体是一个有机的整体,人与外界环境也是息息相关的,并提出人类必须掌握自然规律,顺应自然界的变化,保持体内外环境的协调,才能达到防病保健的目的。中医学还认为疾病的发生,关系到正气与邪气两个方面的因素。邪气是导致疾病发生的重要条件,而人体的正气不足则是疾病发生的内在原因和根据,但不否定外界致病因素在特殊情

况下的主导作用。因此，"治未病"应该从增强肌体的正气和防止病邪的侵害这两方面入手。

由于小满节气是皮肤病的高发期，按未病先防的养生观，我们重点讲讲"风疹"的防治。《金匮要略·中风历节篇》说："邪气中经，则身痒而瘾疹"。古代医家对此病早已有所认识。"风疹"的病因病机不外乎三点：一，湿郁肌肤，复感风热或风寒，与湿相博，郁于肌肤皮毛腠理之间而发病；二，由于肠胃积热，复感风邪，内不得疏泄，外不得透达，郁于皮毛腠理之间而来；三，与身体素质有关，吃鱼、虾、蟹等食物过敏导致脾胃不和，蕴湿生热，郁于肌肤发为本病。风疹可发生于身体的任何部位，发病迅速，皮肤上会突然出现大小不等的皮疹，或成块成片，或呈丘疹样，此起彼伏，疏密不一，并伴有皮肤异常瘙痒，随气候冷热而减轻或加剧。当我们了解了发病的机理后，就可以有的放矢地加以预防和治疗。

对各种类似的皮肤病人，饮食调养上均宜以清爽清淡的素食为主，常吃具有清利湿热作用的食物，如赤小豆、薏苡仁、绿豆、冬瓜、丝瓜、黄瓜、黄花菜、水芹、荸荠、黑木耳、藕、胡萝卜、西红柿、西瓜、山药、蛇肉、鲫鱼、草鱼、鸭肉等；忌食甘肥滋腻，生湿助湿的食物。

芒种

在我国的江西省有谚语："芒种夏至天，走路要人牵；牵的要人拉，拉的要人推。"短短几句话，反应了夏天人们的通病——懒散。其原因是夏季气温升高，空气中的湿度增加，体内的汗液无法通畅地发散出来，即热蒸湿动，湿热弥漫空气，人身之所及，呼吸之所受，均不离湿热之气。所以，感到四肢困倦，萎靡不振。因此，在芒种节气里不但要搞好雨期的田间管理，更要注意增强体质，避免季节性疾病和传染病的发生，如中暑、腮腺炎、水痘等。

芒种的养生重点要根据季节的气候特征，在精神调养上应该使自己的精神保持轻松、愉快的状态，恼怒忧郁不可有，这样气机得以宣畅，通泄得以自如。

起居方面，要晚睡早起，适当地接受阳光照射（避开太阳直射，注意防暑），以顺应阳气的充盛，利于气血的运行，振奋精神。夏日昼长夜短，中午小憩可助恢复疲劳，有利于健康。芒种过后，午时天热，人易汗出，衣衫要勤洗勤换。为避免中暑，芒种后要常洗澡，这样可使皮肤疏松，"阳热"易于发泄。但须注意的一点，在出汗时不要立即洗澡，中国有句老话，"汗出不见湿"，若"汗出见湿，乃生痤疮"。

夏至

夏季要神清气和，快乐欢畅，心胸宽阔，精神饱满，如万物生长需要阳光那样，对外界事物要有浓厚的兴趣，培养乐观外向的性格，以利于气机的通泄。与此相反，举凡懈怠厌倦，恼怒忧郁，则有碍气机通跳，皆非所宜。嵇康《养生论》对炎炎夏季有其独到之见，认为夏季炎热，"更宜

调息静心，常如冰雪在心，炎热亦于吾心少减，不可以热为热，更生热矣"。即"心静自然凉"，这里所说就是夏季养生法中的精神调养。

起居调养，以顺应自然界阳盛阴衰的变化，宜晚睡早起。夏季炎热，"暑易伤气"，若汗泄太过，令人头昏胸闷，心悸口渴，恶心甚至昏迷。安排室外工作和体育锻炼时，应避开烈日炽热之时，加强防护。合理安排午休时间，一为避免炎热之势，二可恢复疲劳

之感。每日温水洗澡也是值得提倡的健身措施，不仅可以洗掉汗水、污垢，使皮肤清洁凉爽消暑防病，而且能起到锻炼身体的目的。因为，温水冲澡时的水压及机械按摩作用，可使神经系统兴奋性降

低，体表血管扩张，加快血液循环，改善肌肤和组织的营养，降低肌肉张力，消除疲劳，改善睡眠，增强抵抗力。另外，夏日炎热，腠理开泄，易受风寒湿邪侵袭，睡眠时不宜扇类送风，有空调的房间，室内外温差不宜过大，更不宜夜晚露宿。

运动调养也是养生中不可缺少的因素之一。夏季运动最好选择在清晨或傍晚天气较凉爽时进行，场地宜选择在河湖水边，公园庭院等空气新鲜的地方，有条件的人可以到森林、海滨地区去疗养、度假。锻炼的项目以散步、慢跑、太极拳、广播操为好，不宜做过分剧烈的活动，若运动过激，可导致大汗淋漓，汗泄太多，不但伤阴气，也宜损阳气。在运动锻炼过程中，出汗过多时，可适当饮用淡盐开水或绿豆盐水汤，切不可饮用大量凉开水，更不能立即用冷水冲头、淋浴，否则会引起黄汗等多种疾病。

小暑

小暑时节，正是萤火虫开始活跃的季节，芦苇下、草丛中都是萤火虫的发祥地，只要有绿草、露水的地方，夜晚便可见到那忽明忽暗的点点白光，就像天上的星，闪闪移动，在徐徐的风中，伴随着人们度过漫漫长

夜。此时我国大部分地区也都在忙于夏秋作物的田间管理。正因为是忙季，我们更不能忽略对身体的养护。

在老子的《道德经》中："故道大，天大，地大，人亦大。域中有四大，而人居其一焉。"荀子则进一步指出："水火有气而无生，草木有生而无知，禽兽有知而无义，人有生有知亦有义，故最为天下贵也。"《素问·保命全行论》亦云："天复地载，万物悉备，莫贵于人。"道教经典《太平经》也反复论及重命养身、乐生恶死的主张。指出："人居天地之间，人人得一生，不得重生也"，所以要珍惜生命。"人最善者，莫若常欲乐生"，提出了"自爱自好"的养生学说，即"人欲去凶而远害，得长寿者，本当保知自爱自好自亲，以此自养，乃可无凶害也"。说明，只有通过自我养护和积极锻炼，才能得到长寿之躯。

时当小暑之季，气候炎热，人易感心烦不安，疲倦乏力，在自我养护和锻炼时，我们应按五脏主时，夏季为心所主而顾护心阳，平心静气，确保心脏机能的旺盛，以符合"春夏养阳"之原则。《灵枢·百病始生》曰："喜怒不节则伤脏"，这是因为人体的情志活动与内脏有密切关系，有其一定规律。不同的情志刺激可伤及不同的脏腑，产生不同的病理变化。中医养生主张一个"平"字，即在任何情况之下不可有过激之处，如喜过则伤心，心伤则心跳神荡，精神涣散，思想不能集中，甚至精神失常等。心为五脏六腑之大主，一切生命活动都是五脏功能的集中表现，而这一切又以心为主宰，有"心动则五脏六腑皆摇"之说，然，心神受损又必涉及其他脏腑。在情志方面，喜为心之志，这"喜"是在不过的情况下，舒缓紧张的情绪，使心情舒畅气血和缓。故夏季养生重点突出"心静"二字就是这个道理。

大暑

大暑，是一年中最热的节气。其气候特征是："斗指丙为大暑，斯时天气甚烈于小暑，故名曰大暑。"大暑正值中伏前后，在我国很多地区，

经常会出现摄氏40度的高温天气，在这酷热难耐的季节，防暑降温工作不容忽视。

酷暑多雨，暑湿之气容易乘虚而入，且暑气逼人，心气易于亏耗，尤其老人、儿童、体虚气弱者往往难以将养，而导致疰夏、中暑等病。如果当你出现全身明显乏力、头昏、心悸、胸闷、注意力不集中、大量出汗、四肢麻木、口渴、恶心等症状时，多为中暑先兆。一旦出现上述症状，应立即将患者移至通风处休息，给病人喝些淡盐开水或绿豆汤、西瓜汁、酸梅汤等。夏季预防中暑的方法：合理安排工作，注意劳逸结合；避免在烈日下暴晒；注意室内降温；睡眠要充足；讲究饮食卫生。有条件的人，进入夏季后，宜常服用一些芳香化浊、清解湿热之方，如鲜藿香叶、佩兰叶各10克，飞滑石、炒麦芽各30克，甘草3克，水煎代茶饮。也可在暑热之季服用一些仁丹、十滴水等。

大暑是全年温度最高，阳气最盛的时节，在养生保健中常有"冬病夏治"的说法，故对于那些每逢冬季发作的慢性疾病，如慢性支气管炎、肺气肿、支气管哮喘、腹泻、风湿痹症等阳虚症，是最佳的治疗时机。有上述慢性病的朋友，在夏季养生中尤其应该细心调养，重点防治。

祝你健康

我们这个地球是个美丽的星球，因为地球上有无以计数的、千姿百态的生命，所以科学家们称地球为目前已知的、宇宙中最美丽的星球。

地球上到处都充满了魅力，地球的景观美不胜收令人目不暇接，世上美丽的东西数不胜数琳琅满目，我们和许多生灵生活在美丽之中。

首先映入我们眼帘的，是大饱我们眼福的、五彩斑斓的自然景观。那就是绮丽的山峦、隽秀的河川和千姿百态的动植物及微生物生灵；或广阔的蓝天、飘浮的白云、金灿灿的朝霞、闪烁的星光……

我们还可以看到，数不尽的生命群中的佼佼者、智慧的人类创造的另类美丽。那就是犹如蛛网似的公路、铁路和奔跑在这些道路上的各种各样的车辆及飞行在天空中的各种飞行器；还有那高楼林立的城市森林，那永远也数不清的各种形状、功能的生产生活工具用品等等，这些由人类创造的美丽，把地球妆扮得更加壮美。

人们崇羡着美、热爱着美、追求着美。爱美之心人皆有之，对于人类

自己来说，在这数不尽的美好之中，人生大美当属健康。

著名诗人马雅可夫斯基有一句名言，那就是："世界上没有比结实的肌肉和新鲜的皮肤更美丽的衣裳。"这句话对于人类的生存是第一真理，只有当我们健康时，世界的美丽才对我们有意义。

然而，百余年来，这句震撼人们心灵的话，似乎没有引起人们广泛注意，我们身边的许多人，从没有细心地

琢磨过这句名言，而至今甚至还有许多人没有感悟到这句名言的珍贵。

当你健康的生活着，你才可以羡慕着、享受着大自然的美丽；在享受大自然恩赐的同时，又可追求着、享受着人类智慧和勤劳的创造成果。

有位名人曾说过：如果你的一生用一个多位数来表示的话，健康就是多位数字前面的那个1，后边的数位可以有多个零或其他数字。

当最前面表示健康的1不存在时，无论你后面的数位拥有多少个零或其他数字，都不能再称其是一个多位数，也就说你的一生就是零。

当你有了表示健康这个1，和后面的数位上的零或者其他的数，那就会组成一个多位数，那就是百千万甚至会更多。

这个比喻是何等的确切啊！健康对于人的生存难道不是最美的吗？

当出生婴儿一声动人的哭啼，向世人宣告一个新的、健康的生命的诞生，他会给企盼美好希望的父母和忙碌的医生带来喜悦，这哭声远远胜过世上任何动人乐曲和歌声。

当幼稚儿童蹒跚学步和牙牙学语时，会令他们的父母惊喜万分，它标志着一个健康的幼苗在苗壮成长，或许他将来会给我们这个星球带来一道靓丽的风采，带来一个新的奇迹；当朝气蓬勃的少年、青年在学习、求索，准备付出和贡献时，人们看见了未来的曙光；当健壮的壮年或默默地劳动、或创造一番事业之时，这个世界正在变得越来越美好；当精神矍铄的老年人愉快地安享晚年之时，是世界上最安静温柔的一幅画卷……

人的健康一生使他们的生命质量闪烁着幸福的光焰，使他们的事业走向成功，他们或为社会大厦添砖加瓦，或为人类的进步推波助澜，我们人类就是这样经过了400多万年的发展历程，从蒙昧走向了文明。

对于每一个人来说，生存的基础就是健康。有了健康才能度过幸福快乐的一生，有了健康才能成就一生的事业。

无论你在哪里生活，无论你一生从事什么事业，你的幸福生活，或你的事业都必须以健康的身体为基础，以健康的身体为保证；没有健康，你只会给自己或别人带来麻烦，即使你有最崇高的理想也无从实现。因此大文豪高尔基曾说过："健康就是金子一样的东西"，英国民间也流传一句"健全的身体比皇冠更有价值"的谚语。

那些睿智的精英们和普通的智慧民众，把健康比喻成金子和王冠，可见健康

是有多么的珍贵，由此，你也一定会同意我的看法：人的健康如此的珍贵，人生大美当属健康。

也许你不在乎健康，可你的家人非常关注你的健康，当你小的时候，你的父母在你生病时，他们就焦急得团团转，你长大成人或为人父母时，患病就会使你的家人感到惶恐，甚至也急得他们血压升高。你的健康会牵动许多人的心，你的健康就会影响你的家庭。不是有人说过吗，"健康你一个，幸福一家人"。同样，对社会也是。

从此看来，健康是生存的时段，对他人和社会的一种责任，只要你注意了你的健康，就是你尽到了某种社会义务，也就是你具备了一种现代社会的美德，从这个意义上说，难道健康不也就是人生的大美吗？

健康是人生的大美，这也就是我们人类追求的目标，因此，有谁不特别羡慕、欣赏那些健康快乐的儿童、青年、壮年，老年人……

　　那些在校园学习的儿童、青少年学子，他们个个满脸笑容、面色红润、健壮如虎、充满了生命的活力；那些在希望的田野上驾驶着拖拉机的人，那些在高大厂房里从事各种生产的人，那些在道路上驾驶着各种车辆、在广阔水域上驾驭船只、在无限空间驾驭航空器的人，他们个个目光炯炯、身材健壮，展示了生命的无限创造力；越来越多的人特别崇拜、尊重那些精神矍铄的长寿老者，那些在绿荫下唱歌、弈棋或说笑的老人们……他们才是时代最美的人，是人类生存的明星。

　　爱尔兰著名作家萧伯纳，他的104岁生命历程中，他的健康为他的贡献提供了充裕的时间和不懈的精力，为我们留下了五十余部剧本和多部小说以及许多其他巨著；世界上唯一荣获两次诺贝尔奖的女科学家居里夫人，她长期的在艰苦环境中从事繁重的科学研究和实验，也是由于她身体健康才能取得如此成就；著名学者、经济学教授、语言学家、汉语拼音创始人之一周有光，在100多岁还能用电脑写作，把他超人的智慧展现在世人面前，使我们更清晰地认识自己和这个世界；我们听到、看到的身边的百岁老太、百岁老翁，有的自己能下地种菜，有的自己还能穿针引线，洗洗涮涮……

　　世界多美丽，大美属健康！愿天下人健康长寿！

适合 SHI HE
夏季的活动
XHUN JI DE HUO DONG

　　夏季里的云雨雷电是非常值得研究的自然现象，我们可以趁这个季节进行许多与云雨雷电有关的主题活动，同时一些测量计量、露营活动也非常适合在夏季进行。

观察与调查

❧ 云 与 雨 ❧

千姿百态的云

人们常常看到天空有时万里无云，有时白云朵朵，有时又是乌云密布。为什么天上有时有云，有时又没有云呢？云究竟是怎样形成的呢？它又是由有什么组成的？

云是地球上庞大的水循环的有形的结果。太阳照在地球的表面，水蒸发形成水蒸气，一旦水汽过饱和，水分子就会聚集在空气中的微尘周围，由此产生的水滴或冰晶将阳光散射到各个方向，这就产生了云的外观。

飘浮在天空中的云彩是由许多细小的水滴或冰晶组成的，有的是由小水滴或小冰晶混合在一起组成的。有时也包含一些较大的雨滴及冰、雪粒，云的底部不接触地面，并有一定厚度。

云的形成主要是由水汽凝结造成的。我们都知道，从地面向上十几公里

这层大气中，越靠近地面，温度越高，空气也越稠密；越往高空，温度越低，空气也越稀薄。另一方面，江河湖海的水面，以及土壤和动植物的水分，随时蒸发到空中变成水汽。水汽进入大气后，成云致雨，或凝聚为霜露，然后又返回地面，渗入土壤或流入江河湖海。以后又再蒸发，再凝结下降。周而复始，循环不已。

水汽从蒸发表面进入低层大气后，这里的温度高，所容纳的水汽较多，如果这些湿热的空气被抬升，温度就会逐渐降低，到了一定高度，空气中的水汽就会达到饱和。如果空气继续被抬升，就会有多余的水汽析出。如果那里的温度高于0℃，则多余的水汽就凝结成小水滴；如果温度低于0℃，则多余的水汽就凝化为小冰晶。在这些小水滴和小冰晶逐渐增多并达到人眼能辨认的程度时，就是云了。

长期的观测和实践表明，云的产生和消散以及各类云之间的演变和转化，都是在一定的水汽条件和大气运动的条件下进行的。人们看不见水汽，也看不见大气运动，但从云的生消演变中可以看到水汽和大气运动的一举一动，而水汽和大气运动对雨、雪、冰、雹等天气现象起着极为重要的作用。

千百年来，人们在生活中根据云的形状、来向、移速、厚薄、颜色等的变化，总结了丰富的"看云识天气"的经验，并将这些经验编成谚语。如"云交云，雨淋淋"，"云交云"指上下云层移动方向不一致，也就是说云所处高度的风向不一致，常发生在锋面或低压附近，所以预示有雨。有时云与地面风向相反，则有"逆风行云，天要变"的说法。又如"天上灰布悬，雨丝定连绵"，"灰布云"指雨层云，大多由高层云降低加厚蜕变而成，范围很大、很厚，云中水汽充足，常产生连续性降水。

在夏季的早晨，如天边出现了堡状云，表示这个高度上的潮湿气层已经很不稳定，到了午间，低层对流一旦发展，上下不稳定的层次结合起来，就会产生强烈的对流运动，形成积雨云而发生雷雨。所以有"清早宝塔云，下午雨倾盆"的谚语。

一些谚语还可以用来指导人们的出行，如"云往东，车马通；云往南，水涨潭；云往西，披蓑衣；云往北，好晒麦"：这句说的是从云的移动方向来预测阴晴，云向东、向北移动，预示着天气晴好；云向西、向南

移动，预示着会有雨来临。"早霞不出门，晚霞行千里"：早晨东方无云，西方有云，阳光照到云上散射出彩霞，表明空中水汽充沛或有阴雨系统移来，加上白天空气一般不大稳定，天气将会转阴雨；傍晚如出晚霞，表明西边天空已放晴，加上晚上一般对流减弱，形成彩霞的东方云层，将更向东方移动或趋于消散，预示着天晴。

各种颜色的云也预兆着一定的天气，还有不少谚语是从云色和云形来预兆要下冰雹的。例如，内蒙古有"不怕云里黑，就怕云里黑夹红，最怕黄云下面长白虫"等谚语，山西有"黄云翻，冰雹天；乱搅云，雹成群；云打架，雹要下"、"黑云黄云土红云，反来复去乱搅云，多有雹子灾严重"等谚语。还有"午后黑云滚成团，风雨冰雹一齐来"、"天黄闷热乌云翻，天河水吼防冰蛋"等说法，这些都说明当空气对流强盛，云块发展迅猛，像浓烟一股股地直往上冲，云层上下前后翻滚时，就容易下冰雹。

自然降水——雨

雨是一种自然降水现象，也是最具夏季特色的自然现象。大气层中的水蒸气凝结成小水珠，大量的小水珠形成了云。当云中的水珠达到一定质量以后就会下落至地表，这就是降雨。

雨是地球水循环不可缺少的一部分，是大部分生态系统的水分来源，是几乎所有的远离河流的陆生植物补给淡水的唯一方法。雨滴也有可能在还未到达地面时就完全蒸发，有些形况就是在当雨通过森林的林木时，雨常会被森林截流，而直接蒸发入大气中，这种情形可以减少雨对于地表的侵蚀。在有些地表炎热的地区（如沙漠地区）水分直接蒸发尤为常见。

云能否降水，取决于能否在较短时间内形成大量足够大的雨滴（一个雨滴约合一百万个云中水滴）。云中水滴形成雨滴的途径有两种。或者云中水滴自己不断凝结变大，或者云与云之间互相碰撞使得云中水滴相互结合，质量变大。当水滴的质量大到上升气流无法将其"托住"时，水滴下降，便形成了雨。实际上，水滴仅仅靠自我凝结是很难变成足够下降的雨滴的，主要的增长手段是通过水滴之间的相互结合。

在降雨过程中，大雨滴的速度比小雨滴的速度要快，因此可以赶上小雨滴并"吞并"它们，增大体积。当水滴不断增大，在空气中下降时就不再保持球形。开始下降时，雨滴底部平整，上部因表面张力而保持原来的

球形。当水滴继续增大，在空气中下降时，除受表面张力外，还要受到周围的空气作用在水滴上的压力以及因重力引起的水滴内部的静压力差，二者均随水滴的增长及下降而不断增大。在三种力的作用下，水滴变形越来越剧烈，底部向内凹陷，形成一个空腔。空腔越变越大，越变越深，上部越变越薄，最后破碎成许多大小不同的水滴。破裂的水滴又会被其他的大雨滴吞并形成新的大水滴。此外，雨滴所带有的正负电荷也是雨滴之间冲撞结合的原因之一。

雨在下落时可能做数次垂直运动，这是由上升气流的强与弱有关的。如果云层含水量少，那么就无法形成雨，而是阴云；如果云层含水量大，上升气流强，导致水滴在下降过程中凝结，而凝结成的冰又被上升气流托住而上升，如此反复则形成雹。

雨可以灌溉农作物，利于植树造林；能够减少空气中的灰尘，降低气温；下雨利于水库蓄水，可以补充地下水；可以补充河流水量，利于发电和航运；雨能冲走地面垃圾，稀释有毒物质，净化环境……雨的好处说不完，可以说，雨是人类生存必不可少的一种自然现象。但下雨如果无度的话，也会造成一系列问题，如雨下多了会影响植物生长，能抑制植物的呼吸作用，甚至死亡；我国长江中下游地区每逢梅雨季节，就会出现一段持

续较长的阴沉多雨天气，多日连雨不晴，阴霾潮湿，给人们生活造成不便；持续的大暴雨更会引起洪水、山体滑坡、泥石流等自然灾害。

人工降雨

人工降雨是要有充分的条件的。一般降水的产生，不仅需要一定的宏观天气条件，还需要满足云中的微物理条件，比如：0℃以上的暖云中要有大水滴；0℃以下的冷云中要有冰晶，没有这个条件，天气形势再好，云层条件再好，也不会下雨。

将天上的含有水汽的云层，通过物理或是化学的方法，让它们形成降水，雨水实实在在地降到地面上来，这就是人工降雨，但更为科学的称谓是人工增雨，有空中、地面作业两种方法。

空中作业是用飞机云中播撒催化剂，地面作业是利用高炮、火箭从地面上发射催化剂。飞机作业一般选择稳定性天气，才能确保安全。一般高炮、火箭作业较为广泛。

专家解释人工降雨的形成有两个必要条件，一个是当地天空中拥有水汽较丰厚的云层，第二个是大气环流的走向。而这两个条件都需要有精确的实时气象资料。如果不具备这两个条件，也就是天上不具备含有大量水

丹麦夏季的一场暴雨

汽的云层，那么，无论用什么方法，都不会实现降雨成功。

　　人工降雨的原理是让积雨云中的水滴体积变大掉落下来，高炮人工降雨就是将含有碘化银的炮弹打入有大量积雨云的4 000至5 000米高空，碘化银扩散为肉眼都难以分辨的小颗粒，在高空扩散，成为云中水滴的凝聚核，水滴在其周围迅速凝聚达到一定体积后降落。

　　人工降雨对于缓解夏季炙热、解除旱情和扑灭火灾等情况，都会起到重要的作用。

动手 DIY

模拟云、雨的形成

准备：

　　铁台板方座支架、烧瓶、橡皮塞、橡皮管、玻璃管、酒精灯、烧杯、湿纱布、水

过程：

（1）将铁台板方座支架、烧瓶、橡皮塞、橡皮管、玻璃管、酒精灯、湿纱布、水等按图装置好。

（2）用酒精灯加热烧瓶中的水，让水沸腾。

（3）在玻璃管口有水蒸气冲出时，将空烧杯罩在玻璃管口，烧杯底上放一块冷湿纱布。

（4）一会儿，可以看到烧杯内出现雾气，这就好比水蒸气在高空遇冷结成小水珠形成云。

（5）再过一会儿，可以看到烧杯里滴下水滴，这好比云中水珠越来越大，落下成雨。

注意事项：

（1）烧瓶口要塞紧不能漏气。

（2）橡皮管要向下弯曲些，以免水滴顺橡皮管流回到烧瓶上，引起烧瓶爆裂。

（3）如果在烧瓶中加入热水，加热至沸腾的时间可以缩短。

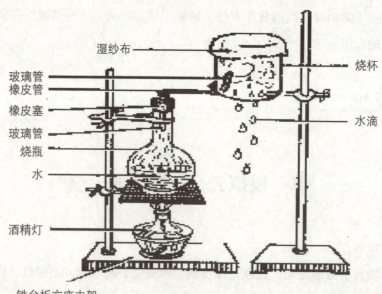

 相关链接

❧ "呼风唤雨"的科学家 ❧

俗话说："天有不测风云"。然而，随着科学技术的不断发展，这种观点已成为过去。几千年来人类"呼风唤雨"的愿望，如今已成为现实。而首次实现人工降雨的科学家，就是杰出的美国化学家欧文·朗缪尔。他被称为是人工降雨干冰布云法的发明人。

欧文·郎缪尔，1881年1月31日生于美国纽约市。郎缪尔从小对自然科学和应用技术极感兴趣。他年轻时就有一个伟大的理想：实现人工降雨，使人类摆脱靠天吃饭的命运。朗缪尔十分理解干旱季节农民盼雨的心情。面对农民求雨的目光，面对茫茫无际的蓝天，作为一名科学家他进行了理智而科学的探索。他经过深入地研究，终于搞清了其中的奥秘。

1946年7月的一天，朗缪尔正紧张实验，冰箱在这时却停止制冷。由于冰箱内的温度降不下去，朗缪尔以及助手们决定采用干冰降温。当他们把一些干冰放到冰箱的冰室中时，小冰粒在冰室内飞舞盘旋，霏霏雪花从

上落下，冰室内寒气逼人，人工云变成冰和雪——所谓人工云，就是实验室里保存的、充满在冰箱里的水蒸气，朗缪尔为了做人工降雨的实验，设法使冰箱中的水蒸气与下雨前大气中水蒸气的情况相同，并不停调整温度，加进尘埃进行实验。因为当时的观点认为，雨点是以尘埃微粒为中心形成的，若要下雨，空气中除有水蒸气外还必须有尘埃微粒。但是根据实验事实他们认识到，尘埃对降雨并非绝对需要，而无意中加进的干冰却具有独特的凝聚水蒸气的作用，即作为"种子"的云中冰晶的成核作用。同时，温度降低是使水蒸气变为雨的重要因素之一，只要温度降到-40℃以下，人工降雨就可能成功。

1946年，在朗缪尔的指挥下，一架飞机腾空而起，实验人员将207公斤干冰撒入云海，30分钟后，狂风骤起，倾盆大

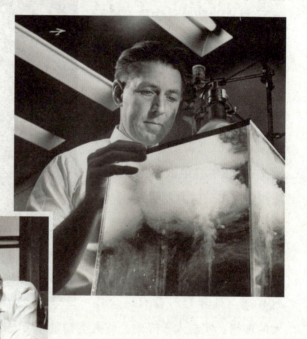

雨，第一次人工降雨实验获得成功。

朗缪尔开创了人工降雨的新时代。根据过冷云层冰晶成核作用的理论，科学家们又发现了可以用碘化银等作为"种子"进行人工降雨。碘化银催雨剂一经使用，很快获得了比干冰更为广泛的应用；因为碘化银很容易从地面上用简单的装置发射到云层中，不像使用干冰那样麻烦。使用干冰有时还有些危险。有几次巨大的干冰块直坠屋顶，凿成大洞，引起一片恐慌。

在成功的事实面前，最保守的人也承认，现代的人工降雨是控制天气的一大进展。今天，呼风唤雨已经不是神话。郎缪尔以及其他科学家的探索，给苦于干旱的人们带来了福音。他们勤于观察、勤于思索、锲而不舍的探索精神，也将被人们长久地传颂。

<<<
朗缪尔于1950年登上《时代》周刊封面

关于雨的气象谚语

1.朝虹雨，夕虹晴

2.有雨山戴帽，无雨山没腰

3.朝霞不出门，晚霞行千里

4.月色朦胧，不是起雨就是起风

5.久晴大雾必阴，久雨大雾必晴

6. 蚂蚁搬家蛇过道，明日必有大雨到

7. 斜雨雨快停，直雨连天淋

8. 立冬无雨冬至晴，冬至无雨一冬晴

9. 春寒雨绵绵，夏寒火烧天

10. 雨落小暑头，干死黄秧大黄牛

11. 冬冷多晴，冬暖多雨

12. 雨打惊蛰节，二月雨不歇

13. 大暑多雨，秋雨足；大暑少雨，吃水愁

14. 端五落雨还好熬，端六落雨烂脱瓦

15. 腊月多雪，六月多雨

降水强度

单位时间内的降水量称为降水强度。常用的单位是毫米／天、毫米／小时。一般规定：小雨：每天小于10毫米；中雨：每天10-24.9毫米；大

雨：每天 25.0–49.9 毫米；暴雨：每天 50.0–99.9 毫米；大暴雨：每天 100.0–199.9 毫米；特大暴雨：每天大于 200 毫米。

雨天如何保障安全

随着自然环境的污染加剧，自然灾害也随之增多。其中下雨天的安全事故时有发生，让我们从小就认识下雨天如何更好的保护自己吧。

一、怎样躲雷雨闪电：

（1）不可以跑到大树下躲雷雨闪电。

（2）不可以躲在电线杆下。

（3）不可以躲在高危的地方。

（4）不可以躲在潮湿的地方。

二、下雨天注意事项：

（1）下雨天要穿戴雨具，不要在大树下、金属建筑物旁躲雨。

（2）雷声过大时要捂住耳朵或张大嘴巴。下雨时不要看电视。

三、下雨天的安全：

（1）下雨天，要小心慢行。

（2）走坡道时，要更加小心。

（3）打雨伞时，不要让雨伞挡住了视线，要注意看和前方行走。

（4）不要拿着雨伞嬉戏，更不要将伞收起来互相打来打去，或是在别人面前突然把伞撑开。

（5）尽量穿鞋子，不要赤脚在室外行走或玩水。

观察与调查

❧ 雷 与 电 ❧

电闪雷鸣

天空中的电闪雷鸣经常让人感到恐惧，闪电击中建筑物和行人的事件也时有发生。闪电的神秘和威力，同时也使人类对其充满了好奇，从古到今，许多科学家都对闪电进行过研究以探求真相。

在18世纪中期，西方对闪电有两种观念：一种观念认为，雷电是上帝发怒；另一种观念认为，雷电是气体爆炸。这时，勇敢的美国科学家富兰克林向自然界、向人们的传统观念发起了挑战。1752年6月的一个雷雨天，富兰克林和他的儿子威廉一起，带着上面装有一个金属杆的风筝来到空旷地带，成功地捕捉到雷电并将风筝线上的电引入"莱顿瓶"

中。富兰克林用从天上捕捉下来的雷电进行了各种电学实验，证明天上的雷电与人工摩擦产生的电具有完全相同的性质。富兰克林关于天上和人间的电是同一种东西的假说，在他自己的这次实验中得到了光辉的证实。从而使人类对于闪电有了科学的认识。

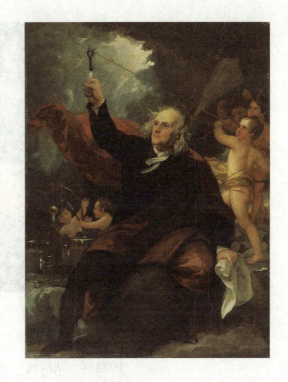

现在的人们已经知道雷电是伴有闪电和雷鸣的一种雄伟壮观而又有点令人生畏的放电现象。雷电一般产生于对流发展旺盛的积雨云中，因此常伴有强烈的阵风和暴雨，有时还伴有冰雹和龙卷风。产生降雨的积雨云顶部一般较高，可达20公里，云的上部常有冰晶。冰晶的凇附，水滴的破碎以及空气对流等过程，使云中产生电荷。云的上部以正电荷为主，下部以负电荷为主。因此，云的上、下部之间形成一个电位差。当电位差达到一定程度后，就会产生放电，这就是我们常见的闪电现象了。

闪电的平均电流是3万安培，最大电流可达30万安培。闪电的电压很高，约为1亿至10亿伏特。一个中等强度雷暴的功率可达一千万瓦，相当于一座小型核电站的输出功率。一道闪电的长

度可能只有数千米，但最长可达数百千米。闪电
的温度，从摄氏一万七千度至二万八千度不等，
也就是等于太阳表面温度的3~5倍。放电过程
中，由于闪电的极度高热，使空气体积急剧膨
胀，从而产生冲击波，导致强烈的雷鸣。带有电
荷的雷云与地面的突起物接近时，它们之间就发
生激烈的放电。在雷电放电地点会出现强烈的闪
光和爆炸的轰鸣声。这就是人们见到和听到的闪
电雷鸣。

闪电有许多种类型，常见的有线状闪电和片
状闪电。而球状闪电则属于一种十分罕见的闪电
形状了，非常最引人注目。它像一团火球，有时
还像一朵发光的盛开着的"绣球"菊花。它约有
人头那么大，偶尔也有直径几米甚至几十米的。
球状闪电有时候在空中慢慢地转悠，有时候又完全不动地悬在空中。它有时候发出白光，有时候又发出像流星一样的粉红色光。球状闪电"喜欢"钻洞，有时候，它可以从烟囱、窗户、门缝钻进屋内，在房子里转一圈后又溜走。球状闪电有时发出"咝咝"的声音，在一声闷响后消失；有时又只发出微弱的噼啪声而不知不觉地消失。球状闪电消失以后，在空气中可能留下一些有臭味的气烟，有点像臭氧的味道。

此外还有一些闪电非常奇特。如由连续数次的放电而组成的带状闪电，在各次闪电之间，闪电路径因受风的影响而发生移动，使得各次单独闪电互相靠近，形成一条带状。带的宽度约为10米。这种闪电如果击中房屋，可以立即引起大面积燃烧。

^^^ 被雷电劈过的树木

<<< "登堂入室"的球形闪电

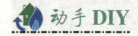

❧ 闪亮的测电螺丝刀 ❧

物体带电的现象，可以用仪器和工具来检测，这种工具就是电工常用的测电笔，或是万用表、测电表等工具。

测电螺丝刀也是常见的一种测电笔，测电笔对用皮毛摩擦气球产生静电的现象也有反应，试试看吧。

准备：

气球、羊毛织物、测电螺丝刀、透明玻璃瓶

过程：

（1）将测电螺丝刀尖朝上，柄朝下插入玻璃瓶，使之固定竖立起来。在黑暗的房子里，或黑天时，把气球吹大并在气球口处打个结。用毛织物摩擦气球。

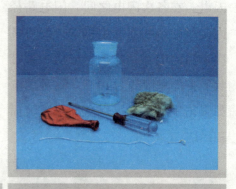

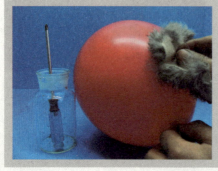

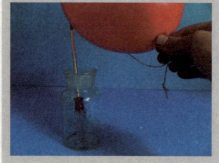

（2）手握气球接近测电螺丝刀的尖端，这时你会看到测电螺丝刀里的灯泡亮了。

柯博士告诉你：

测电螺丝刀里的灯泡为什么会发亮？这是因为经过摩擦的气球带了电，所以，测电螺丝刀里的灯泡才会亮。

小贴士

测电笔

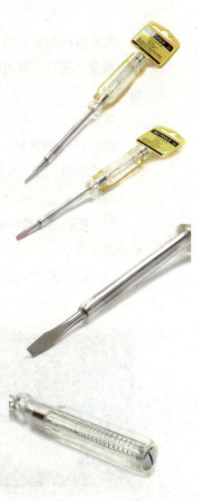

测电笔是电工经常使用的工具，用以判别物体是否带电，多用来检查电路及电路中的用电器是否带电。它的内部构造是一只有两个电极的灯泡，泡内充有氖气，它的一极接到笔尖，另一极串联一只高电阻后接到笔的后一端。当氖泡的两极间电压达到一定值时，两极间便产生辉光，辉光强弱与两极间电压成正比。当带电体对地电压大于氖泡起始的辉光电压，而将测电笔的笔尖端接触它时，另一端则通过人体接地，所以测电笔会发光。测电笔中电阻的作用是用来限制流过人体的电流，以免发生危险。

在使用电笔时，要注意安全使用，一般的测电笔不能用来检测高压电，那样是非常危险的。

现在有新的测电笔问世，这种测电

笔不用物理接触，而是感应测试，因此，这种感应测电笔是更安全的。

动手 DIY

制造闪电小实验

电闪雷鸣是常见的自然现象，现在人们已经知道这是一种自然界的放电现象，通过实验可以模拟这种现象，让我们也来做个这样的模拟实验吧。

准备：

玻璃杯、铝锅铲、硬泡沫塑料、毛线织物、美工刀

过程：

（1）把硬泡沫塑料用美工刀切成豆腐块大小。

（2）把铝锅铲放到玻璃杯上。

（3）用毛线织物摩擦硬泡沫塑料块，然后放到铝锅铲上。用食指尖慢慢接近铲柄，当手指尖与铲柄达到一定距离时，你会看到手指尖与铲柄之间会产生闪电现象。

柯博士告诉你：

经过摩擦的泡沫塑料，带上了过多电荷。把它放到铝锅铲上，这些电荷传导到锅铲上，当你用手接近锅铲时，锅铲上的过多的电荷就会对手指尖释放电荷，这也是一种放电现象。

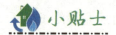 小贴士

著名的风筝实验

轰隆隆的雷声从天空滚过，震撼着山川大地，一条条耀眼的银蛇在天空飞舞，随之而来的是狂风暴雨。在我们现代人看来这只不过是一种自然现象罢了，可我们的祖先却对此难以理解，他们想象天上一定有种神秘的力量支配着这一切。在希腊神话中，雷电就在万神之王宙斯的手中，它有无比的威力，当他生气发怒时，就把雷电放出来震慑群神和人类。

中国人传说这是雷公

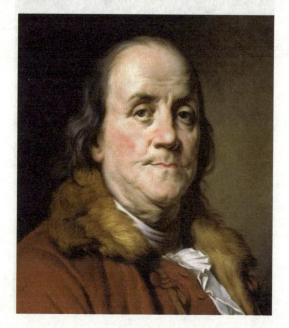

电母在惩治邪恶，后来的欧美人又把雷电和上帝联系起来，说是上帝主宰雷电。

随着人类的进步和发展，许多人都想用科学的方法揭穿雷电的秘密。第一个做这种实验并取得成功的人是美国的富兰克林。

1752年7月，富兰克林做了一次震惊世界的实验。他在大雷雨即将到来之前，把一只大风筝放到天空，风筝越飞越高，肉眼几乎看不见，这时大雨倾盆而下，富兰克林握风筝线的手突然感到一阵麻木，紧接着，挂在风筝线下端的铜铃振动起来，伴随着阵阵声响冒出点点火花。"成功了！成功了！"富兰克林扔下风筝兴奋地大叫起来。他冒着生命危险终于揭开了雷电之谜。

其实，富兰克林早就在思考雷电的问题，1749年他就曾写报告给英国皇家学会，建议用尖端金属杆装在屋顶，再用铁丝把金属杆同地面连接起来，这样就可以把天上的电引到地下，防止房屋遭到雷击。但他的建议却

<<<

遭到皇家学会科学家们的讥讽和嘲笑。富兰克林相信自己的想法是对的，就写信告诉一个法国朋友。那法国人用一根铁杆直立在屋顶上，在雷雨时真的把天空中的闪电引到了地下，这就是富兰克林发明的避雷针，我们至今还在使用。

后来，富兰克林通过进一步研究，了解到电是会流动的，它还可以分为正电和负电。富兰克林是电学原理的创始人之一。

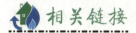 相关链接

❧ 避 雷 针 ❧

在进行了著名的风筝实验之后的当年，富兰克林就发明了避雷针。其办法是：在建筑物的最高处立上一根2米至3米高的金属杆，用金属线使它和地面相连接，等到雷雨天气，雷电驯服地沿着金属线流向地下，建筑物就不会遭雷击了。

富兰克林为了推广避雷针的使用，专门写了《怎样使房屋等免遭雷电的袭击》的文章。文章发表后，美国的各个城市马上就开始安装避雷针。但这却遭到教士们的反对，他们说雷电是上帝的震怒。也有人因缺乏电的知识对避雷针的使用持怀疑态度。有个叫普林斯的医生发表看法说："如果把雷电导入地里，那儿带的电就会增加，就很

Saint-Elme 2D®

FRANKLIN FRANCE
L'APPROCHE GLOBALE DE LA FOUDRE
groupe ricome

可能发生地震。""啊!"他叫道:"我们无法逃脱上帝的惩罚!如果我们逃脱了来自空中的惩罚,却不能逃脱来自地上的惩罚……"避雷针在法国也受到了强烈反对。圣奥梅尔的居民甚至对当地安装了避雷装置的人提出控告,他们害怕受到这种"亵渎行为"的惩罚。

尽管有人反对,但避雷针还是普及开来了,因为事实证明,拒绝安装避雷针的一些高大教堂在大雷雨中相继遭受雷击,而比教堂更高的建筑物由于装上了避雷针而安然无恙。

避雷针传入英国后,英国人开始广泛采用。但美国的独立战争爆发后,富兰克林的尖头避雷针在英国人眼中似乎成了将要诞生的美国的象征。据说当时英国的国王乔治三世出于反对美国革命的盛怒,曾下令把英国全部皇家建筑物上的避雷针的尖头上统统装上圆头,以示与作为美国象征的尖头避雷针势不两立。

避雷针是早期电学研究中的第一项具有重大应用价值的技术

成果，它不仅使人类免受"雷公"肆虐之苦，而且也使雷电和上帝脱离了关系。

❧ 计量与测量 ❧

在夏季里，阳光明媚，我们到户外可以进行一些计量和测量活动，比如测量楼高、日高等等，并了解生活中常见的计量测量仪器。

在广义上，测量是应用及其广泛一种技术，并不局限于某一领域，也不能明确是从哪个行业发展而来的，因为人类自古就会测量。测量是人类探知自然界的主要手段之一。

科学家钱学森曾指出："信息技术包括测量技术、计算机技术和通讯技术。测量技术是关键和基础。"在当前世界各学科领域中，研究测量的学科是"计量学"。对测量的定义非常多，许多学

∨∨∨
我国古代的度量工具

科都从自己的角度给与定义，按照计量学的定义，测量是指：以确定量值为目的的一组操作。

计量涉及到工农业生产、国防建设、科学实验、国内外贸易、人民生活等各方面，是国民经济的一项重要的技术基础。

在现代社会，由于科学技术的发展，计量不但和生活有关，而且和科

>>> 生活中常见的计量仪器

学研究、实验、生产劳动关系都极为密切。用于计量的仪器简直多得数不清，而且标准、方法也越来越科学，越来越精确。

观察与调查

用几何的方法测楼高

你知道你家住的楼房有多高吗？如果想知道楼房的高度，最直接的办法可能就是站在楼顶垂下一根测绳或尺子，答案到时自然揭晓。这个问题貌似简单，但换一个类似的问题：如何测量旗杆的高度？要测量旗杆的高度时，人就不能轻易爬上旗杆了。实际上，要测量高等建筑的高度，并不需要一个人带上卷尺爬上建筑顶端去丈量，而只要用一根竹竿垂直竖立在阳光下，同时测量出地上竹竿的影长和大楼的影长，通过简易的计算，就可求得大楼的实际高度：

　　首选确定需要测量高度的大楼，然后选择上、下午太阳刚出或将落时（这时影子最长）进行观测。观测时用米尺量出大楼影子的长度。

　　同时需要准备一根竹竿，用卷尺量出竹竿的长度。然后在测量楼影的同时，用卷尺量出竹竿影子的长度，并一一记录。最后根据根据公式进行计算，我们就得出被测大楼的高度了。

小贴士

日影测高法

　　太阳斜照在物体上，在物体的背阴面会出现物体的影子，在同一时间内，同一纬度上的物体与影子的比值是一个定数。

　　根据这一现象，我们可以利用测量物体的影子长度来计算出物体的高度。这种方法人们称它为日影测高法。其公式为：$h : s = h' : s'$。

　　其中 h 为参照物体高（可测），s 为参照物体影长（可测）；h' 为被测物实高（计算结果），s' 为被测物影长（可测）。

🌊 生活中的计量 🌊

时钟上的时间是因国家地理位置而决定的，并以电台、电视台等多种媒体发布而得到统一，以决定我们每个人的生活节奏，上班、上学、开市……

当打开水龙头时，水表就自动计量了；另外还有电能表、煤气表也是生活中使用能源的计量工具。

体温计、血压计是医学中最基本、最不可或缺的计量用具。

人的身高、体重、眼睛的屈光度、穿衣的尺寸、鞋的大小、住房面积……都是测量数据。

上街购物时通过计量器具衡量来计算价格。最精确的计量是钱币，它用元、角、分划分，它不因新与旧，整与分而有所不同。

出行乘坐出租车计价器会自动报价；公用电话有电话计费器给予显示金额；在家里用电话时，电信部门的计价系统也会按时计费。

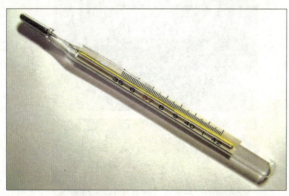

拜师、走访学计量

在我们日常生活中，有许多计量问题，我们认识了尺、秤等计量工具，对我们的生活很有益处。日常生活中还有许多我们不认识的计量仪器、仪表、工具，那么大家就走访求教于叔叔、阿姨们，学习一点计量知识吧！

例如：你可以向查水表、电表、煤气表的叔叔、阿姨请教，或到有关部门请教，怎样读取仪表上的数字？怎样计算出你家这个月使用的电量、水量、煤气量？

>>>　电度表

>>>　水表

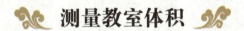

动手 DIY

测量教室体积

准备：

1. 卷尺或米尺、测绳、竹竿

2. 各人寻找自己的小伙伴，3人为1组

过程：

1. 小组中1人为记录员，2人为测量员。分别对教室的长、宽、高进行测量并且记录。

2. 对教室测量的数据进行计算，得出教室的体积。

3. 按班级人数计算出每人占有的体积。

太阳高度角测量仪

在天文科学、气象学、航空、航海等方面，科学工作者都是用专用的仪器来测定太阳高度角的，既方便又准确。今天我们也制作一种简易太阳高度角测量仪。

准备：

纸板、螺钉、木棍或木条、木板或大盒盖、铅笔、圆规、直尺、剪刀、锥子、美工刀

过程：

1.在纸板上画出一个圆和一个条形的观察测量架图。

2.用剪刀把圆剪下来，并画出刻度。

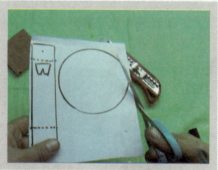
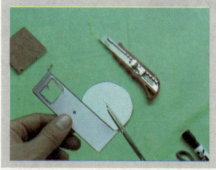

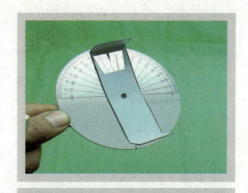

3.用美工刀刻好观察测量架上的通光方孔和指示针。

4.把观察测量器放在圆盘上，使观察测量器和刻度圆盘的中心相对，并在圆心处钻一个小孔。

5.用螺钉在前面把观察测量器和刻度圆盘串起来。

6.在木板的底板上钻一个孔，把木棍插进孔中，用胶粘合。

7.把太阳高度角测量仪上的螺钉拧在木棍上。

柯博士告诉你：

这是一个简单的太阳高度角测量仪，它可以在不校正水平、忽略水平位置的情况下，测量太阳的高度角。

测量方法：把仪器放在阳光

下，对准太阳的方向，转动测量架，使太阳光从太阳架的小孔中透过，并照射到测量架另一端的挡光板的中间处。因为光是沿着直线传播的，那么太阳光从小孔中透过，落到另一端的中心点上，这就是一条直线，而这条直线和刻度盘上的底边形成一个角度，这个角度就是太阳与地平线形成的夹角，也就是测量架上的指针指示的刻度，即太阳高度角。

小贴士

太阳高度角

对于地球上的某个地点，太阳高度角是指太阳光的入射方向和地平面之间的夹角，专业上讲太阳高度角是指某地太阳光线与该地作垂直于地心的地表切线的夹角。太阳高度角是决定地球表面获得太阳热能数量的最重要的因素。

我们经常说，"太阳都一竿子高了"。其实，这句话并不具有确切的科学意义。这只是一种以地平线作参照物的，用以描述在地球上看到的太阳出没的自然现象。实际上，太阳是恒星，它在宇宙的位置是恒定的，而在地球上看到的这种现象是地球的公转与自转形成的。

　　地球的公转与自转，在不断地、往复地改变着太阳光照在地球上的角度，因而，也改变着地球所接受到太阳的能量，因此，太阳的高度角是决定地球表面获得太阳热量多少的重要因素。

　　我们用 h 来表示这个角度，它在数值上等于太阳与地平线在地平坐标系中的地平高度角。

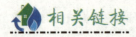
相关链接

❧ 历史上的计量 ❧

　　远古时期，我国人便"布手知尺"、"身高为丈"、"迈步定亩"。这代表了，人类在长度测量中，最早是用身体的某一部分作为标准的。传说夏禹治水时，用自己的身高作为一丈，"男子汉，大丈夫"的说法据说就由此而来。而用手作长度的标准，"布手知尺"即是例证。中医切脉，称距离手腕一寸长的部位为"寸口"，这个距离也就被称为"寸"。但不管是用手还是用脚为标准，都有极大的主观随意性。

>>> 汉代尺

　　我国是较早使用测量工具测量的国家之一。远在商代，就有了制作较精细的象牙尺。现存两支，一支藏在中国历史博物馆，长为现在的15.78cm，一支藏在上海博物馆，长为现在的15.80cm。尺上都刻10寸，每寸内刻有10分。从这两支尺的长约为16厘米看，这是人手的一般长度，这一事实可以看出，它所使用的标准仍未脱离人体主观标准的范畴。春秋战国时期，天下纷争，度量衡也不统一，直到秦始皇兼并六国统一天下，才统一了度量衡。秦制规定长度单位为引、丈、尺、寸、分，均为十进位。这种长度单位的1尺约为现在的23.2厘米，沿用了两千年。我国最早的长度标尺是安阳殷墟出土的商尺。这把骨尺由兽骨磨成，长17厘米，上面标刻着等长的10个单位。

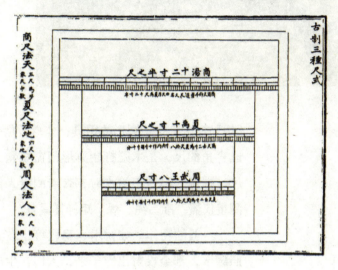

>>> 夏商周三代的尺式

鲁班尺：即木工用尺，又称"角尺"，主要用来校验刨削后的板、枋材以及结构之间是否垂直和边棱成直角的木工工具。1鲁班尺=0.8市尺，鲁班尺长约42.9厘米，相传为春秋时期鲁国公输班所作，后经风水界加入八个字，以丈量房宅吉凶，并呼之为"门公尺"。其八个字分别是："财"、"病"、"离"、"义"、"官"、"劫"、"害"、"本"，在每一个字底下，又区分为四小字，来区分吉凶意义。

"规矩准绳"这一词现在指应当遵守的标准、法则，但在古代，这四个字都是测量专用工具。准，测平面的水准器；绳，量直度的墨线。

　　"规"是木工校正圆形的用具；"矩"是一直一横成直角的尺，是木匠打制方形门窗桌凳必备的角尺。据说大禹当年治水时，带着测量人员，肩扛测量仪器，准、绳、规、矩样样具备。

　　一般的物体，如树木、房屋等，在太阳光的照耀下，都会投射出影子来，人们在生产和生活实践中常常观察这些影子，慢慢地，人们发现这些影子随着时间的推移而变化着，而且这些变化是有规律的。"立竿见影"便是我国古老的测量工作。古人们用"立竿见影"来确立方向，测定时刻，或者测定节气乃至回归年的长度等等。由此可以说，中国最古老、最简单的测量工具，也就是普通的竹竿、木竿或者石柱等物。如今我们已经不用"立竿见影"来丈量和推导，这个词也已演化成了一个成语，比喻立刻见效。

在18世纪法国大革命以前，世界各国的长度标准极为混乱，比如我国是市尺，日本用日尺，英国用英尺，俄国用俄尺。其长度不一致，进位制也不统一，有十进位、十二进位，还有五进位的，各行其是。这在国际经济、技术交往中，极为不便，随着科学技术的发展，交通运输工具的进步，国际交往变得日益频繁，亟需打破国际间测量标准上的诸候割据的局面。

法国大革命以后，长度测量的客观标准是"米"。"米"的最早定义来自地球北极到赤道之通过巴黎的子午线。1791年法国科学院决定将经过巴黎的子午线周长的千万分之一作为1米，后经过6年测量，终于从巴塞罗那至敦刻尔克之间子午线弧长得出，此长度单位的值为39.37008英

>>> 法国街头关于"米"的纪念标志

>>> 1889年国际度量衡局改良第一代米原器的设计，制作了的X形铂铱合金棒

寸。从此米就诞生了。法国人波达（Borda）依此标准使用铂铱合金制成一个米原器，以0℃时，米原器上两端刻痕间的距离为一标准米。

在这以后的两百年中，出现了各种各样的测量的仪器和各种各样的测量方法，测量范围越来越广，精度也越来越高。目前，最先进的是激光测长。

第一个测量金字塔高度的人

泰勒斯（公元前624—前547年），出生在小亚细亚爱奥尼亚西岸的米利都城的一个奴隶主贵族家庭。他年轻时，曾到很多国家游学。回到家乡米利都后，他创办了希腊最早的哲学学派——爱奥尼亚学派，并继续从事哲学、数学、天文学等学科的研究。恩格斯在他的《自然辩证法》中是这样评述泰斯勒的：他是希腊最古老的哲学家、自然科学家、几何学家，是古希腊第一位享有世界声誉，有"科学之父"和"希腊数学的鼻祖"美称的伟大学者。

提起埃及这个古老神秘、充满智慧的国度，人们首先想到的就是金字塔。金字塔是古埃及国王的陵墓，建于公元前2000年左右。古埃及人民仅靠简单的工具，竟能建造出这样雄伟而精致的建筑，真是奇迹！虽历经漫长的岁月，它们如今仍巍峨地矗立着。但是，在金字塔建成的1 000多年里，人们都无法测量出金字塔的高度——它们实在太高大了。

约公元前600年，泰勒斯从遥远的希腊来到了埃及。在此之前，他已经到过很多东方国家，学习了各国的数学和天文知识。到埃及后，他学会了土地丈量的方法和规则。他学到的这些知识能够帮助他解决这个千古难题吗？

泰勒斯已经观察金字塔很久了：金字塔底部是正方形，四个侧面都是相同的等腰三角形（有两条边相等的三角形）。要测量出底部正方形的边长并不困难，但仅仅知道这一点还无法解决问题。他苦苦思索着。

当泰勒斯看到金字塔在阳光下的影子时，他突然想到办法了。这一天，阳光的角度很合适，把阳光下的所有东西都拖出一条长长的影子。泰勒斯仔细地观察着影子的变化，找出金字塔地面正方形的一边的中点（这个点到边的两边的距离相等），并作了标记。然后他笔直地站立在沙地上，

并请人不断测量他的影子的长度。当影子的长度和他的身高相等时，他立即跑过去的测量金字塔影子的顶点到作标记的中点的距离。他稍做计算，就得出了这座金字塔的高度。

当他算出金字塔高度时，围观的人十分惊讶，纷纷问他是怎样算出金字塔的高度的。泰勒斯一边在沙地上画图示意，一边解释说："当我笔直地站立在沙地上时，我和我的影子构成了一个直角三角形。当我的影子和我的身高相等时，就构成了一个等腰直角三角形。而这时金字塔的高（金字塔顶点到底面正方形中心的连线）和金字塔影子的顶点到底面正方形中心的连线也构成了一个等腰直角三角形。因为这个巨大的等腰直角三角形的两个腰也相等。"他停顿了一下，又说："刚才金字塔的影子的顶点与我作标记的中心的连线，恰好与这个中点所在的边垂直，这时就很容易计算出金字塔影子的顶点与底面正方形中心的距离了。它等于底面正方形边长的一半加上我刚才测量的距离，算出来的数值也就是金字塔的高度了。"

你能理解泰勒斯的计算方法吗？他利用了相似三角形的

性质。要知道泰勒斯身处的年代距离现在有 2 000 多年呢！当时人们所了解的科学知识要比现在少得多。泰勒斯因为善于学习，注意观察，勤于思考，终于解决了困惑人们很多年的难题。

日　晷

我们的祖先对时间最早的认识，也许就是通过观察日出和日落得到的。为了更加准确地了解太阳的变化，他们大约在公元前2000年左右就开

始制造日晷，通过日晷的投影来了解时间这种神秘、抽象的东西。每天从早到晚，日晷标杆的投影随着太阳在空中的位置变化而转动，人们通过总结这种运动的规律，在日晷盘上加上刻度，更加准确地了解时间。

日晷本义是指日影，是使用太阳的位置来测量时间的一种设备，主要由一根投射太阳阴影的指标、承受指标投影的投影面（即晷面）和晷面上的刻度线组成。最常见的设计，也就是最普通的，就是所谓的庭园日晷，让日影投射在一个标有时刻的平面上，当太阳移动时，影子所指示的时间也跟着变动。其实，日晷可以设计在任何物体的表面上，让固定的指针产生阴影来测量时间，因此日晷有许多种不同的形式，基本上可以分为地平式日晷、赤道式日晷、子午式日晷和卯

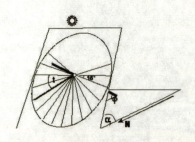

>>> 17世纪初人们在曼陀铃琴上制作的日晷

酉式日晷等等。

  日晷有一个最大的弱点，在晚上不能工作。没有太阳，当然也没有指向刻度的标杆投影。从前因为当时的人们只从事日出而作、日落而息的原始农业劳动，就不需要了解晚上的时间，日晷暂时能够满足人们的需要。随着历史的发展和人类生产力的进步，人类的活动时间已不再局限于白天，这样，同样日出而作、日落而息的日晷就逐渐被淘汰了。

>>> 18世纪末建于巴黎的"旅行者"日晷

圭　表

　　圭表是我国古代度量日影长度的一种天文仪器，由"圭"和"表"两个部件组成。

　　很早以前，人们发现房屋、树木等物体在太阳光照射下会投出影子，这些影子的变化有一定的规律。于是便在平地上直立一根竿子或石柱来观察影子的变化，这根立竿或立柱就叫做"表"；用一把尺子测量表影的长度和方向，则可知道时辰。后来人们发现正午时的表影总是投向正北方向，就把石板制成的尺子平铺在地面上，与立表垂直，尺子的一头连着表基，另一头则伸向正北方向，这把用石板制成的尺子叫"圭"。正午时表影投在石板上，古人就能直接读出表影的长度值。

　　经过长期观测，古人不仅了解到一天中表影在正午最短，而且得出一年内夏至日的正午，烈日高照，表影最短；冬至日的正午，煦阳

>>> 陈列在在北京古观象台的圭表。原件为明朝仿元朝郭守敬圭表所制，现古观象台内的石制底座为原件，其上的铜圭表为1983年复制，铜圭表原件现存紫金山天文台。

斜射，表影则最长。于是，古人就以正午时的表影长度来确定节气和一年的长度。譬如，连续两次测得表影的最长值，这两次最长值相隔的天数，就是一年所含的天数。

在现存的河南登封古观星台上，40尺的高台和128尺长的量天尺也是一个巨大的圭表。

测量珠峰

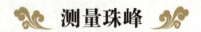

珠穆朗玛峰作为世界最高峰，其海拔高程数据历来为世界各国关注。从1847年至2005年人们求证珠峰高程历经10次之多，展现了人类用生命与心血勇攀高峰，探索自然奥秘的奋斗过程。1975年，我国首次测定并发布了珠峰精确高程：8 848.13米，在国际上得到广泛认可。由于技术手

段的进步和珠峰地区强烈的地壳运动，重测珠峰高程还有其重要的科学意义。近10年来包括中国在内的测量科考队多次测量了珠峰高程，引起了地学界广泛的关注。

2005年3月，我国珠峰复测大型科考活动启动开始，历时2个多月艰苦卓绝的探测，5月22日第一批登顶队员11时08分成功登顶，珠峰峰顶测量成功进行。此后第二批队员冲击峰顶，同时继续进行数据采集及之后的复杂数据计算工作。为了得出更精确的权威数据，这次测量珠峰高度采用了经典测量与卫星GPS测量结合的技术方案，使测量的数据精确到毫米。登山测量队员还在离峰顶不远的裸露岩石上安装了一个珠峰GPS固定监测点，这将为今后研究珠峰高程的变化提供参照。

2007年3月12日在国务院新闻办公室举办的新闻发布会上，中国向世界宣布了珠穆朗玛峰的高度为8 844.43米！

❧ 露　营 ❧

露营是一种休闲活动，通常露营者携带帐篷，离开城市在野外扎营，度过一个或者多个夜晚。露营是非常适合夏季进行的活动，还通常和其他活动联系，如徒步、钓鱼或者游泳等。

观察与调查

❧ 各种各样的露营 ❧

露营基本可以分为三种形式，第一是常规露营，第二是拖车露营，第三种是特殊形式露营。

常规露营是指露营者徒步或者驾驶车辆到达露营地点，通常在山谷、湖畔、海边，露营者可以生篝火，可以烧烤、野炊或者唱歌，这也是最平常的露营活动，经常进行这样活动的旅行者，和其他户外运动爱好者一样，又被称为背包客，在我国，又被称为驴友。

拖车露营是指驾驶一种特殊的旅行车辆，又称为活动房屋车，到野外露营。通常这样的拖车就如同房子一般，都有供暖或者冷气设备，也有电力供应，甚至有厨房，这样的露营者通常不被称为背包客，他们可以在设施齐全的车内起居生活。

特殊形式露营是指有特殊活动的露营，比如长距离攀岩，长距离攀岩可能需要几天的时间，为了休息，露营者将帐篷挂在悬崖边露营，这样的露营是非常危险而又刺激的。

露营需要搭建帐篷时，要选择适当的营地。一般的注意事项是：不要在距山体过近的地方露营，防止雨天落石、洪水；不要距河边过近，以免涨潮冲了帐篷。

雨天不要在大树下扎营，防止遭雷击。

扎营前要先将地面的碎石及尖利的荆棘清理干净，以免刺破帐篷或睡得不舒适。尽量不要在斜坡上扎营，帐篷门要面向背风的一面。

同时还要提醒那些打算尝试一下或者经常户外露营的人们，露营的一个重要前提，就是要注意保护环境，在青山绿水间享受美食、分享欢乐后，一定要尽量把自己的露营环境恢复原状，不随手乱扔垃圾，努力把对户外的污染减少到最低程度。

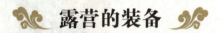

露营的装备

帐篷：选择结构稳定、重量轻、抗风、防雨性能较强的双层帐篷为佳。

睡袋：羽绒或鹅绒睡袋轻便，保暖效果好，但前提是必须保持干燥，环境条件比较潮湿时，人造真空棉睡袋是更好的选择。

背包：背包构架应符合自己的身体结构，并有结实而舒适的腰带。

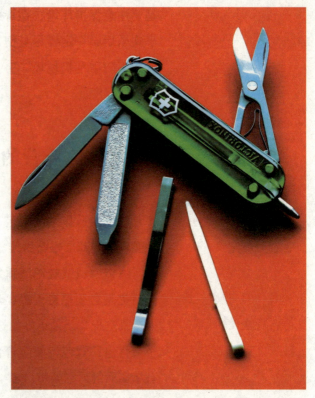

>>>

　　生火用具：打火机、火柴、蜡烛、放大镜。其中蜡烛既可做光源，又是极好的助燃剂。

　　野炊用具：水壶、多功能野炊锅、锋利的多功能折刀（瑞士军刀）、餐具。

　　专用工具：指南针、地图、绳索、折叠锹、手电筒、针线、鱼钩鱼线、砍刀、照相机。

　　水和食品：热量大的肉类、糖类、脂类、盐。

　　救生箱：解毒剂、消粉、感冒药、腹泻药、云南白药、镇痛药、纱布、胶带、绷带。

相关链接

烧烤美味不宜多食

露营中的人们往往将烧烤美食作为一项非常重要的活动。的确，烧烤让人走进大自然，幕天席地，换了空间也换了心情；烤出来食材也别具风味，尤其得到诸多年轻人的青睐。

一般来说，烧烤是在火上将食物（多为肉类）烹调至可食用，因此我国亦称此为烤肉；现代社会，由于有多种用火方式，烧烤方式也逐渐多样化，发展出各式烧烤炉、烧烤架、烧烤酱等。由于将肉类烘烤时会产生烟雾，常见的烧烤都是在户外进行。烧烤本身也成为一种多人聚会的休闲娱乐方式，更是露营中几

<<<

乎不可缺少的一环。

松软多汁的口感、孜然飘香的味道，是大多数人难以抵挡的诱惑。不过，烧烤虽然美味，但营养价值却容易流失，尤其是炭烧烤肉，一旦烧烤时间过长，可能导致肉中的氨基酸、维生素遭到严重破坏，从而失去营养价值。而且据了解，由于肉直接在高温下进行烧烤，被分解的脂肪滴在炭火上，再与肉里蛋白质结合，就会产生一种叫苯并芘的致癌物质，这种物质会诱发胃癌、肠癌，对人体健康有很大危害。

此外，据近年美国一项权威研究结果显示，食用过多熏烤的肉食将受到寄生虫的威胁，甚至严重影响青少年的视力。

同时，夏季天气炎热，按中医学的理论，此时人体内往往阳气过旺，明火炙烤出的食物尤其是肉食，更容易让人"上火"，引发口舌生疮、咽喉肿痛等症状，严重的还有疖肿。

可见，烧烤实在不宜多吃，而且如果想要更健康地食用烧烤美食，最好做到以下几点：

　　第一，常备凉茶，预防上火。烧烤时，当然少不了准备饮品，我国传统凉茶，内含菊花、甘草、仙草、金银花等中草药精华，能有效预防上火，可以在一定程度上解决因上火引起的牙痛、咽喉炎、烂嘴角、生眼疮等烦恼。

　　第二，选择低脂食物，降低热量的摄入。不少人烧烤时喜爱烤鸡翅和香肠，据了解，一个鸡全翅所含热量是150卡，若一次吃四五只，相当于摄取了600卡的热量。而一条普通的鸡肉肠，热量有90卡，近年较受欢迎的芝士肠，一小根热量甚至达115卡之多。为了减少摄入热量，不妨选择鸡扒、鸡柳或肉丸，未经油炸的鱼丸或牛肉丸为较佳的选择。

　　第三，食物选择多元化，蔬菜、水果少不了。烧烤不一定总以肉类为主，蔬菜、水果烧起来同样有滋味。除了大家所熟悉的玉米之外，番薯也是不

<<<

错的选择，它含有丰富的纤维素，有益肠胃。而可烧的蔬菜选择更多，首选灯笼椒，另外，西兰花、西红柿、金针菇也不错。而海鲜类食物，如蟹、虾、带子、鱼等都是较好的选择。

第四，少加蜜糖，适量选用天然调味料。烧烤时，想食物增添美味，很多人都爱在烧烤食物上涂蜜糖，而多次蜜糖的涂抹，大大增加了热量的摄取。其实想增添食物鲜味，又想健康点，涂一次蜜糖便足够了，其后不妨选用黑椒粉、芥辣等天然调味品，以增加食物的滋味。

此外，户外露营时要文明烧烤，注意保护环境。烧烤结束后，首先要用清水将炭火熄灭，等炭火完全熄灭，烤炉稍凉后，用勺子将木炭弄出，最好就地掩埋，如不方便可放在垃圾桶内，不要随便乱扔乱放。

❧ 帐　篷 ❧

　　帐篷是一种可移动的建筑。骨架由帐杆、营绳来组成并固定，骨架外铺的是外帐，可以遮挡视线以及风雨。帐篷可以很方便地搭建、拆除和运输。有些帐篷是不固定的，直接扎在野外，有些则拴在地面的桩子上。最初使用帐篷的是游牧民族，现在帐篷主要用于露营。现代帐篷要求帐布采用不易燃的材料。

　　帐篷的大小差别很大，从单人帐篷一直到可以容纳上千人的大帐篷（比如马戏团的帐篷）。露营用的帐篷一般可以方便地运输，小型的帐篷甚至可以当做背包、放在自行车上或者放在皮艇里。根据帐篷大小和搭帐篷的熟练程度，一般可在5至25分钟内搭建完毕，拆帐篷

∨∨∨

军用帐篷

一般也需要相同的时间。大多数国家的军队在战场上也使用帐篷作为军队临时居住和工作的建筑。

选择购买帐篷需要考虑很多因素，比如，背包旅行用的帐篷，这样的帐篷每天要背在身上，因此重量和大小最重要；普通旅行用的帐篷每天要搭和拆，因此其操作简易是比较重要的；固定的帐篷可能在一个地方呆上一周以上，因此其舒适度非常重要；只在夏季使用的帐篷与其他的帐篷有很大的不同，只在夏季使用的帐篷一般只能抵挡小阵雨，能够在春夏秋三个季节使用的帐篷一般可以抵挡大雨，而全年可以使用的帐篷除极端情况外要能够应付所有的气候；探险用的帐篷需要能够抵挡大雪、强风和暴雨。

过去的帐篷大多数是单墙的，有些顶上有一层防雨层。所有这些帐篷都使用帆布墙和许多拉绳。这些拉绳必须相当精确地拉紧来保持帐篷的形状，因此要搭这些帐篷需要一定的训练和经验。因此作为偶尔的宿营这些

帐篷不适合。

　　布置帐篷露营区时，应该注意：扎帐篷前，应该先将选好的营地打扫干净，清除石块、矮灌木等各种不平整、带刺、带尖物的任何东西，不平的地方可用土或草等物填平。为了方便住宿、就餐、娱乐，还应该将营地分区，如帐篷宿营区、用火区、取水区、就餐区、娱乐区、卫生区等。

　　如果营地内有多个帐篷，应尽量使所有帐篷应是一个朝向，即帐篷门都向一个方向开、并排布置；帐篷之间应保持不少于1米的间距，在没有必要的情况下尽量不系帐篷的抗风绳，以免绊倒人；必要时可以在帐篷区外用石灰、焦油等刺激性物质围帐篷画一道圈，设置警戒线，避免虫蛇等爬行动物的侵入。

　　而在布置几个分区时，应该注意，用水区应在溪流或河流上分上下两段，上段为食用饮水区，下段为生活用水区。就餐区应紧挨用火区，以便

烧饭做菜及就餐，这个区域要与帐篷区有一定的距离，以防火星被风吹起而烧着帐篷。烧饭的地方最好选择有土坎、石坎的地方，以便挖灶建灶，拾来的柴火应当堆放在活动区外或上风口处。活动及娱乐区应在就餐区的下风口处，以防活动的灰尘污染餐具等物，并距离帐篷区15—20米，以减少对早睡同伴的影响，同时注意清理场地里绊脚、碰头的东西，以免发生意外事故。

还有一些特别大的帐篷是被用做庆祝或表演的专门场地。它们是用非常坚固的人造纤维制成的，一般非常昂贵，需要特别的技巧和设备来搭。

>>> 英国一个马戏团的帐篷

夏季 XIA JI
里的节日、纪念日
LI DE JIE RI JI NIAN RI

一些节日、纪念日，是人们因为某种需要创设的。其中有许多节日、纪念日是在夏季里。这些节日、纪念日与我们息息相关，又具有科学意义，在这些节日、纪念日的庆祝、纪念活动中，为我们亲近自然，走进科学提供了机会，让我们充分利用这种资源，积极地参与这些庆祝、纪念活动吧！

儿童节：6月1日

　　国际儿童节的来历，与发生在第二次世界大战期间的一次屠杀有关。1942年6月，德国枪杀了捷克利迪策村16岁以上的男性公民140余人和全部婴儿，并把妇女和90名儿童押往集中营。第二次世界大战后，世界经济萧条，很多儿童的生存得不到保障。1925年8月在瑞士日内瓦召开的关于儿童福利的国际会议上，首次提出了"国际儿童节"的概念，引起社会的重视，各国政府都先后规定了"儿童节"。

　　1949年11月，国际民主妇女联合会在莫斯科举行理事会议。为了悼念所有在法西斯侵略战争中死难的儿童，保障世界各国儿童的生存权、保健权和受教育权，改善儿童的生活，会议决定以利迪策村被屠杀时的6月的

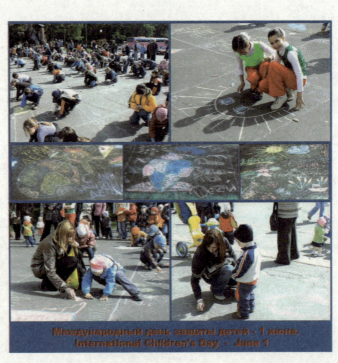

2010年6月1日，俄罗斯北德文斯克的儿童正在庆祝国际儿童节

第一天为国际儿童节。当时的很多国家表示赞同。1950年4月，国际民主妇女联合会又通过决议，号召下属妇女组织在保护儿童生命免受新战争危险、要求削减军事预算和增加儿童健康与教育费用的口号下，纪念国际儿童节。

世界上许多国家都将6月1日定为儿童的节日，但是有些国家里，儿童节的日期也各不相同。

日本儿童节时放飞的鲤鱼旗

其他国家的儿童节

新加坡儿童节：10月1日

韩国儿童节：5月5日

英国儿童节：7月14日

日本儿童节：男孩：5月5日，女孩：3月3日

印尼儿童节：7月23日

泰国儿童节：每年1月的第二个星期六

🎐 世界环境日：6月5日 🎐

世界环境日是在每一年的6月5日，是由1972年6月5日在瑞典首都斯德哥尔摩召开的世界上第一次联合国人类环境会议所建议，于1972年10月，经第27届联合国大会通过确定的。每年这一天，联合国各成员国要以各种形式开展保护环境的宣传活动，从1974年开始，联合国环境规划署根据这一年的世界上的主要环境问题，确定一个宣传的主题。从1987年开始，还要选

>>>

择一个城市作为联合国的宣传活动中心。联合国根据当年的世界主要环境问题及环境热点，有针对性地制定每年的"世界环境日"的主题。联合国系统和各国政府每年都在这一天开展各种活动，宣传保护和改善人类环境的重要性，联合国环境规划署同时发表《环境现状的年度报告书》，召开表彰"全球500佳"国际会议。

我国从1985年6月5日开始举办纪念世界环境日的活动，当年以"青年人口，环境"为主题。自此之后，每年的6月5日全国各地都要举办纪念活动。1993年北京被选为举办庆祝活动的城市，其主题是"打破贫穷与环境的怪圈"。

小贴士

年份	主题	活动中心
1974年	只有一个地球	
1975年	人类居住	
1976年	水，生命的重要源泉	
1977年	臭氧层环境问题；土地流失和土壤退化	
1978年	没有破坏的发展	
1979年	为了儿童	
1980年	新的十年，新的挑战	
1981年	保护地下水和人类食物链，防止有毒化学品污染	
1982年	纪念斯德哥尔摩人类环境会议十周年——提高环境意识	
1983年	管理和处理有害废弃物，防止酸雨和提高能源利用率	
1984年	沙漠化	
1985年	青年、人口、环境	
1986年	环境与和平	
1987年	环境与居住	肯尼亚，内罗毕
1988年	保护环境、持续发展、公众参与	泰国，曼谷

每年的世界环境日主题和活动中心

年份	主题	活动中心
1989年	警惕，全球变暖	比利时，布鲁塞尔
1990年	儿童与环境	墨西哥，墨西哥城
1991年	气候变化——需要全球合作	瑞典，斯德哥尔摩
1992年	只有一个地球——一起关心，共同分享	巴西，里约热内卢
1993年	贫穷与环境——摆脱恶性循环	中华人民共和国，北京
1994年	一个地球，一个家庭	英国，伦敦
1995年	各国人民联合起来，创造更加美好的未来	南非，比勒陀利亚
1996年	我们的地球，居住地、家园	土耳其，伊斯坦布尔
1997年	为了地球上的生命	韩国，汉城
1998年	为了地球上的生命——拯救我们的海洋	俄罗斯，莫斯科
1999年	拯救地球就是拯救未来	日本，东京
2000年	环境千年——行动起来	澳大利亚，阿德莱德
2001年	世间万物，生命之网	意大利，都灵和古巴，哈瓦那
2002年	使地球充满生机	中华人民共和国，深圳
2003年	水——二十亿人生命之所系	黎巴嫩，贝鲁特
2004年	海洋存亡，匹夫有责	西班牙，巴塞罗那
2005年	营造绿色城市，呵护地球家园	美国，旧金山
2006年	沙漠与沙漠化	阿尔及利亚，阿尔及尔
2007年	冰川消融，后果堪忧	特罗姆瑟，挪威
2008年	剔除旧习，迈向低碳经济	惠灵顿，新西兰
2009年	地球需要你，团结起来应对气候变化	墨西哥城，墨西哥
2010年	多样的物种，唯一的地球，共同的未来	基加利，卢旺达
2011年	森林：大自然为您效劳	新德里，印度

 世界海洋日：6月8日

　　起初联合国将每年的7月18日确定为"世界海洋日"。联合国秘书长潘基文就此发表致辞时指出，人类活动正在使海洋世界付出可怕的代价，

个人和团体都有义务保护海洋环境，认真管理海洋资源。2008年12月5日第63届联合国大会通过第111号决议，决定自2009年起，每年的6月8日为"世界海洋日"。2009年联合国将首个世界海洋日的主题确定为"我们的海洋，我们的责任"。

人类活动正在使世界海洋付出可怕的代价。过度开发，非法的、未经授权和无管制的捕捞活动、破坏性的捕捞方法、外来入侵物种以及海洋污染，特别是来自陆地的污染等，正在使珊瑚等一些脆弱的海洋生态系统和重要的渔场遭到破坏。海洋温度升高和海平面上升及气候变化造成的海洋酸化，进一步对海洋生命、沿海和海岛社区及国家的经济造成威胁。

联合国希望世界各国都能借此机会关注人类赖以生存的海洋，体味海洋自身所蕴含的丰富价值，同时也审视全球性污染和鱼类资源过度消耗等问题给海洋环境和海洋生物带来的不利影响。"世界海洋日"的确立，为国际社会应对海洋挑战搭建了平台，也为进一步宣传海洋的重要性、提高公众海洋意识提供了新的机会。

小贴士

保护海洋随手可做的十件小事

1. 减少废油冲入下水道，将剩油用纸吸去后再洗餐具

2. 将烹调和吃剩饭菜做垃圾分类处理

3. 不将洗衣机排水接阳台排水系统

4. 生活杂排水采用沉淀槽适当处理

5. 厨房、洗衣机设置垃圾袋

6. 增强节水观念

7. 不用含磷洗衣粉

8. 不随手把垃圾丢弃到海里或海边

9. 不随手把过期药物等化学用品冲入下水道

10. 减少洗漱、使用清洁剂等产生的生活污水

世界献血日：6月14日

每年的6月14日，是世界献血日，或称世界献血者日。为鼓励更多的人无偿献血，宣传和促进全球血液安全规划的实施，世界卫生组织、红十字会与红新月会国际联合会、国际献血组织联合会、国际输血协会将2004年6月14日定为第一个世界献血者日。

6月14日为发现ABO血型的奥地利病理遗传学家卡尔·兰德施泰纳的诞辰日，为纪念他而选定了这一天。2004年6月14日为第一个世界献血者日。首次"世界献血日"的主题是："献血，赠送生命的礼物。感谢您。"其宗旨在于，通过这一特殊的日子感谢那些拯救数百万人生命的自愿无偿献血者，特别是多次定期捐献血液的个人，颂扬他们无偿捐助血液的无私奉献之举；同时希望全社会对自愿无偿献血的重要性引起更广泛的认识，鼓励更多的人尤其是青年，成为合格的经常献血者，在需要拯救生命时提供可使用的最安全血液。

世界献血者日的关注焦点是完全出于利他目的而献血的自愿无偿献血者。随着越来越多的国家实现100%自愿献血的目标，人们也越来越认识到定期献血的自愿无偿献血者至关重要的作用。定期献血者是最安全的献血者，他

6.14 世界献血者日
World Blood Donor DAY

2009年世界献血日宣传海报

们也是满足需要输血的所有患者需求的可持续国家血液供应的基础。拥有合格的献血者队伍应成为每个国家一项优先关注的重要任务。

世界献血日活动由世界卫生组织、红十字会和红新月会国际联合会、献血者组织国际联合会和国际输血协会这四个核心组织联合主持。每年，这些伙伴组织确认一个国家担任世界献血者日全球活动的东道国，为全球媒体宣传提供一个聚集点，提高对自愿无偿献血在国家卫生保健系统中极端重要性的认识。庆祝活动还旨在支持输血机构、献血者组织和其他非政府组织加强和扩展其自愿献血者规划，并推进国家和地方运动。

2011年世界献血日宣传海报

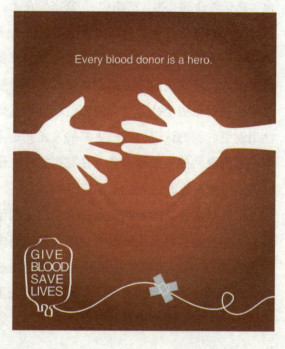

>>> 2012年世界献血日宣传海报

 小贴士

卡尔·兰德施泰纳

兰德施泰纳生于维也纳，父亲列奥波德是一位著名的记者，他在兰德施泰纳六岁时就去世了。兰德施泰纳在维也纳大学学医，1891年他获医学博士学位。在校期间他发表了一篇食品对血的成分的影响的论文。他当时认为血是一种"特别的汁"。

毕业后兰德施泰纳在苏黎世、维尔茨堡和慕尼黑的实验室里工作。1896年他回到维也纳，成为卫生研究所里的助手。他在那里研究免疫的原理和抗体的实质。从1898年到1908年兰德施泰纳在维也纳大学研究病理解剖，从1908年到1919年他在维也纳的威廉米纳医院任院长。在这段时间里他发表了许多医学论文，其中包括关于小儿麻痹症的传染的问题的论文。

1901年兰德施泰纳发现了血型。他证明在从一个人向另一个人输血时被输入的血往往会在血管里凝结。1909年他可以分辨出A、B、AB和O四种主要的血型。他认识到同样血型的人之间输血不会导致血细胞被摧毁，但不同血型之间输血会导致上述的凝结。

今天我们知道，AB型的人可以接受所有其他血型的血，而O型的人可以为所有其他血型的人输血。这个知识尤其对输血和外科手术非常重要。1930年兰德施泰纳为了这个发现获得诺贝尔医学奖。

世界防治荒漠化和干旱日：6月17日

世界防治荒漠化和干旱日，为每年的6月17日，是一项世界性的抗干旱运动。第一个世界防治荒漠化和干旱日是1995年6月17日。

　　地球各地的荒漠化问题已日趋严重，已涉及全世界100多个国家及六分之一的人口。因此近几十年来，国际社会开始更加重视此问题。1992年的联合国环境与发展会议上，"防治荒漠化"被列入国际社会优先采取行动的领域，并成立《联合国关于在发生严重干旱和荒漠化的国家特别是在非洲防治荒漠的公约》谈判委员会。

　　1993年5月起，公约谈判开始。直到1994年6月17日，《联合国关于在发生严重干旱和荒漠化的国家特别是在非洲防治荒漠的公约》的正式文本完成，全世界100多个国家（包括中国）在此公约上签字。

　　正由于6月17日是国际社会在防治荒漠化问题上达成统一共识的日子，1994年12月19日，联

>>>　太空中拍摄的撒哈拉沙漠

合国第49届大会通过决议，宣布从1995年起，每年6月17日为"世界防治荒漠化和干旱日"。

"世界防治荒漠化和干旱日"旨在有效提高世界人民对"公约"的认识，加强国际间防治荒漠化的合作，促进"公约"及其附件的执行。

 小贴士

曾经的绿洲——撒哈拉大沙漠

撒哈拉大沙漠在非洲的北部，"撒哈拉"一词在阿拉伯语中是"大荒漠"的意思，这个词语非常形象地说明了撒哈拉大沙漠是多么的荒凉。那么，撒哈拉大沙漠从古至今难道一直是这样荒凉吗？经过人们艰苦的探索，终于证明了撒哈拉大沙漠地区远在公元前6000年至公元前3000年的远古时期，还真的是一片绿色的平原。那些早期居民们也曾经在这片绿洲上，创造出了非洲最古

老和值得骄傲的一代灿烂文化。那么撒哈拉大沙漠是怎么变成今天这样的荒芜之地的呢？

科学家们经过研究和分析，认为撒哈拉地区的草原逐渐变成沙漠大概经历了这么一个过程：先是气候发生突然的变化，下的雨迅速减少，一部分雨水落到干旱的土地上以后，很快就被火辣辣的太阳晒干了；另一部分雨水流进了内陆盆地，可是由于雨水量不多，也就滞留在了这里，盆地增高以后这些水就开始向四周泛滥，慢慢就形成了沼泽。

经过一年又一年的变化，沼泽里的水分在太阳的照射下慢慢就变干了，这样就慢慢形成了沙丘。这时候，撒哈拉地区的气候变化得更加坏了，风沙也越来越猛烈。生活在这里的人们不知保护自己的生存环境，砍伐树木，没有节制地放牧，撒哈拉地区也就慢慢变成了沙漠地带。

世界难民日：6月20日

每年6月20日，是世界难民日。

世界难民日是联合国难民署（UNHCR）确定的一项纪念日。起初，它是非洲独有的纪念日（原名"非洲难民日"），因为非洲历来是包容、庇护难民数量最多的地区。

"难民"分为经济难民、自然灾害难民、战争和政治难民。经济难民指为了改善自己的生活而"自愿"流离失所的人，也称非法移民。自然灾害难民指因地震、严重水旱灾害等原因而被迫离开家园的人，他们往往通过临时救济后返回来源国。战争难民指为躲避战乱而背井离乡的人，他们中包括无政治倾向的"流民"和政治难民。目前解决难民问题一般采用三种办法：自愿遣返、就地融合和第三国安置。

2000年12月，在联合国难民署倡导下，各国在联合国大会上一致通过一项特殊决议，这项决议的通过之时正是1951年《关于难民地位的公约》生效50周年，决议认为，为肯定和感谢非洲对难民一贯慷慨的态度，促进非洲团结，引起国际社会对难民问题的重视，可以将6月20日"非洲难民日"确定为"世界难民日"，这也正是此纪念日的意义所在。大会因此决定，今后的每年6月20日为世界难民日。

🌿 国际禁毒日：6月26日 🌿

每年的6月26日是禁止药物滥用和非法贩运国际日，简称国际禁毒日。

毒品是指鸦片、海洛因、吗啡、可卡因等。它首先损害人的大脑，影响中枢神经系统功能、血液循环及呼吸系统功能，还会影响正常生殖能力，并使人体免疫功能下降。吸毒的人容易感染各种疾病，严重的则丧失劳动能力，以至死亡。世界范围内的毒品蔓延泛滥，已成为严重的国际公害。据联合国统计，全世界每年毒品交易额达5 000亿美元以上，是仅次于军火交易的世界第二大宗买卖。20世纪80年代，全世界因吸毒造成10万人死亡。毒品不仅严重摧残人类健康，危害民族素质，助长暴力和犯罪，而且吞噬巨额社会财富。对于发展中的国家来说，毒品造成的损失和扫毒所需要的巨额经费更是沉重的负担。

国际禁毒日1987年由联合国制定，是国际纪念日之一。联合国于1987年6月12至26日在维也纳召开了关于麻醉品滥用和非法贩运问题的部长级会议。会议提出了"爱生命、不吸毒"的口号，与会138个国家的3 000多名代表一致同意将每年6月26日定为"国际禁毒日"，以引起世

界各国对毒品问题的重视。这项建议被联合国采纳。同年召开的第42届联合国大会通过决议，正式确定每年的6月26日为"反麻醉品的滥用和非法贩运国际日"。

 小贴士

认识毒品：罂粟

罂粟是茄科草本植物，一般株高1.5米左右，常种植在海拔300至1 700米的地方，需要一定的气候和环境条件。罂粟花开在绿色茎秆顶端，色彩鲜艳美丽，而这些美丽的花朵就是邪恶毒品的根源。罂粟花脱落后十余天，蒴果长成，其大小和形状与鸡蛋相似。在蒴果的壁体中有一种乳白色的汁，收集的这种汁液经自然风化变成深褐色，这就是生鸦片。

罂粟是制取鸦片的主要原料，同时其提取物也是多种镇静剂

的来源，如吗啡、蒂巴因、可待因、罂粟碱、那可丁。

罂粟的学名"somniferum"，意思是"催眠"，反映出其具有麻醉性。罂粟的种子罂粟籽是重要的食物产品，其中含有对健康有益的油脂，广泛应用于世界各地的沙拉中，而罂粟花绚烂华美，是一种很有价值的观赏植物。因罂粟拥有制作毒品的危险性，却又有制作药物及生产罂粟籽的价值，故在世界很多国家被规范化地种植。

联合国宪章日：6月26日

第二次世界大战即将结束时，惨遭战争之苦的人们渴望和平与安宁，急切希望建立一个集体安全机制来保障世界和平与安全。1945年4月25日，在美国旧金山，联合国制宪会议隆重召开，经过两个月的谈判讨论，

终于在6月25日，大会一致通过了《联合国宪章》及《国际法院规约》。即日，包括中国在内的50个国家的153名全权代表在宪章上签了字。这些签字国成为联合国的创始国。6月26日，制宪会议正式落下了帷幕。这一天就被联合国定为"宪章日"。

《联合国宪章》是联合国的基本大法，它既确立了联合国的宗旨、原则和组织机构设置，又规定了成员国的责任、权利和义务，以及处理国际关系、维护世界和平与安全的基本原则和方法。遵守联合国宪章、维护联合国威信是每个成员国不可推脱的责任。

联合国宪章共分19章111条。它表达了使人类不再遭受战祸的决心，宪章规定，联合国的宗旨是"维护国际和平及安全"、"制止侵略行为"、"发展国际间以尊重各国人民平等权利自决原则为基础的友好关系"和"促成国际合作"等；它还规定联合国及其成员国应遵循各国主权平等、各国以和平方式解决国际争端、在国际关系中不使用武力或武力威胁以及联合国不得干涉各国内政等原则。宪章确立至今，其宗旨和

>>> 联合国大会会议厅

原则一直有效，申请加入联合国的国家都必须声明接受并愿意履行宪章所载明的义务。

🍂 国际左撇子日：8月13日 🍂

国际左撇子日（又称世界左撇子节）是一个由一些左撇子组织号召和组织专为左撇子而设的节日，时间为每年的8月13日。

在1975年8月13日，美国堪萨斯州托皮卡市的一群左撇子成立了一个名为"左撇子国际"的组织，希望能争取左撇子相关权益。组织决定自1976年起，将每年的8月13日定为"国际左撇子日"，在节日当天，他们贩售推广左撇子相关的商品，并曾发行一本关心左撇子课题的杂志。

1992年开始，英国的左撇子联盟（Left Hander Club）也开始庆祝左撇子日。在英国，各个城市都开始有盛大的庆祝活动，包括游行、表演、设立"左撇子空间"、左撇子艺术创作等，使这个节日受到更多人的重视。

根据左撇子联盟网站的描写，这个节日的目的在于提醒人们注意到左撇子在以右手为主的世界中，遭遇的种种不便，希望能促进在教育、日常生活、工具的设计上重视惯用左手者的权益，并发起对左撇子的相关研究。

 小贴士

左撇子的不便

由于社会上大多数人都是惯用右手，大多的工具、设施，以至文

字的结构都是为惯用右手的常人而设，左撇子在生活中难免会有不便。以剪刀使用为例，通常拇指外推、其他手指往内的动作，经过剪刀中间的支点，让刀片夹紧以剪断东西。但左手拿剪刀做相同动作时，会有刀片夹不紧、剪不直的感觉。许多左撇子不得不改用右手剪东西，或剪东西时自我摸索出施力的诀窍。而在餐桌上，左撇子使用筷子时，就特别容易与旁的筷子"打架"，引起误会或尴尬。

左撇子偶尔还会因为自己与众不同而受人嘲笑，但大体来说人们对左撇子并不怀有偏见。但是，历史上的有些国家曾拒绝容纳左撇子：在一些学校里，校方会禁止学生用左手书写；有一些父母和教师把孩童的左手捆扎在背上，强迫他使用右手。国际左撇子日就是希望能引起人们对左撇子生活不便的现状的重视，并改善这种情况。

>>>   2002年英国一次左撇子日时的街头活动